RADIOGRAFIA DEL HOMBRE INFIEL

Cómo detectarlo para no caer en su trampa…

O cómo salirse de su trampa… ¡a tiempo!

Dios sabe por qué hace las cosas.

Durante los 28 años que compartí mi vida, desde los 16 hasta los 44, con mi primer novio y único esposo, Jorge Injoque, no conocí los celos porque tuve una confianza ciega en que él me era fiel. Sabía de su profunda fe cristiana y no dudaba de que la vivía en la práctica.

Pero desde que Jorge falleció y me mudé a los Estados Unidos para que Dios me usara en la consejería de parejas, pude constatar cómo los hombres engañan y traicionan a sus mujeres. Y no sólo lo escuché de boca de las novias y esposas directamente perjudicadas sino que también lo viví una y otra vez en carne propia, inclusive con hombres cristianos.

Uno de los mayores dolores que una mujer puede experimentar en una relación de pareja es descubrir que su hombre le es infiel. Pero tal vez nos sirva de consuelo saber que no estamos solas. Son millones las mujeres en el mundo que conocen este tipo de sufrimiento....algunas lo reconocen rápidamente y lo expulsan de su vida a la primera de bastos....otras tardan mucho en darse cuenta y cuando lo hacen no saben qué decisión tomar....otras han sido heridas tantas veces que viven obsesionadas con la posible infidelidad de su hombre y en cierta medida, de manera inconsciente, lo conducen a ella...otras perdonan infidelidades mil y un veces con la esperanza de que "ésta será la última"...algunas deciden cobrarse la revancha y le pagan al infiel "con su propia moneda"... muchas se quedan tan escaldadas por las malas experiencias amorosas que no confían en ningún hombre nunca más... y otras no perdonan pero igual se quedan al lado del hombre infiel por sólo Dios sabe qué razones...

Si te encuentras en uno de estos grupos o por lo menos te interesa el tema porque reconoces que la infidelidad es un mal sumamente extendido en el siglo XXI (y te podría tocar en cualquier momento), este libro es para ti. Lo escribo con el sincero deseo de ayudarte.

Dios me hizo pasar por numerosas pruebas personales para poder experimentar tu dolor...Créeme...Sé lo que se siente...y por ello, no sólo te hablo como consejera sentimental y de parejas, desde mi conocimiento de cientos de casos de infidelidad de todo tipo, sino que te hablo desde mi propia experiencia, desde mi alma herida, desde mis inseguridades y mis dudas, a corazón abierto.

I
CONSIDERACIONES
PRELIMINARES
SOBRE LA FIDELIDAD

CONSIDERACIONES PRELIMINARES

I.1) Definición de fidelidad y su importancia para la felicidad de pareja

La fidelidad es la capacidad espiritual, el poder o la virtud de dar cumplimiento a una promesa. A su vez, prometer es una acción soberana que revela una gran soberanía de espíritu, ya que exige decidir hoy lo que se va a hacer en adelante, bajo condiciones que no se pueden prever. El que promete corre riesgo, porque se compromete a actuar de la forma que hoy juzga óptima en situaciones que pueden llevarle a pensar y sentir de modo distinto más adelante. El que es fiel cumple la promesa a pesar de los cambios en las ideas, las emociones y los sentimientos, que pudiera provocar el tiempo. El que promete se adelanta al tiempo de modo lúcido y libre. El que cumple fielmente lo prometido lo hace consciente y voluntariamente.

¿Qué es lo que mueve la voluntad de una persona a mantenerse fiel? Es la decisión de crear su vida en cada instante conforme al proyecto establecido en el acto de la promesa. También se puede decir que la fidelidad es la capacidad de no engañar, de no traicionar a la pareja. Es un valor moral que faculta al ser humano para cumplir con el pacto y compromiso adquirido. La fidelidad supone entonces el cumplimiento de la palabra dada.

La fidelidad remite a la lealtad, a la sinceridad, a la verdad y a la honestidad que surgen del amor verdadero y también del respeto a uno mismo y al otro. Cuando dos personas se casan, se prometen fidelidad eterna. Se trata de un acuerdo que implica una serie de responsabilidades y que no debería ser violado por ninguna de las partes. Prometer es un compromiso importante ya que se decide – repito- cómo uno se va a comportar en un futuro incierto. La persona fiel es aquella que cumple con sus promesas y mantiene su lealtad aún con el paso del tiempo y las distintas circunstancias. La fidelidad supone seguir un proyecto de vida que fue establecido a partir del acto de la promesa.

La fidelidad en un matrimonio puede ser una obligación moral/espiritual (quienes están casados en un rito religioso deben obedecer el mandato de Dios) o legal (cuando es el Estado el que certifica la unión). Por eso, dado su carácter obligatorio, quienes son infieles pueden ser castigados de acuerdo a la normativa vigente. En la antigüedad, incluso, existían castigos corporales, torturas y hasta pena de muerte para los infieles.

La fidelidad nace de un compromiso que se hace un día cuando la pareja decide pasar de amigos a novios y que se convierte en PACTO INDESTRUCTIBLE cuando contraen matrimonio. La fidelidad está destinada a prolongarse y durar en el tiempo hasta que la muerte separe a la pareja. Por eso pide perseverar en la palabra dada, en la actitud asumida y en la correspondiente acción prometida. Por eso requiere de fuerza de voluntad y determinación para persistir en el intento.

• *Es una virtud difícil de cultivar*
Es relativamente sencillo ser virtuoso por un período corto de tiempo. Es más exigente vivirlo durante las 52 semanas del año a lo largo de toda la existencia. Nos llena de admiración ver

realizaciones diversas de la perseverancia: la del atleta que entrena constantemente para llegar a los juegos olímpicos y triunfar; la de la madre que se mantiene orando día y noche por la salud de un hijo enfermo; la de las parejas que cumplen los 50 de matrimonio. En esas historias hay mucha superación de frustraciones, muchos obstáculos salvados y mucha maduración en el amor.

• *La fidelidad es un valor del que hablamos poco*
La fidelidad implica sacrificio. Por eso se presenta como algo más rígido y menos atrayente que la felicidad. La perseverancia implica cierto grado de dureza y de exigencia para superar toda dificultad que se ponga por delante. Perseverar es mantenerse firme en el creer, en los propósitos, en la acción o los objetivos fijados. Podemos y debemos perseverar en un proyecto común, en un compromiso o relación. Es una virtud del día a día y de lo cotidiano.

• *La fidelidad es un valor contracultural*
La sociedad actual se encuentra más a gusto con compromisos temporales basados en sentimientos.

Le está costando juntar sentimiento y fidelidad. Le entusiasma lo provisorio basado en la gratificación instantánea. En esta cultura se impone lo desechable. Se pone relatividad tanto en los compromisos conyugales como en los económicos u ocupacionales. No nos faltan experiencias de amigos, compañeros o integrantes de la familia que han roto sus compromisos porque ya no "sentían" lo mismo por su cónyuge. Cómo si el amor fuera un sentimiento que un día se siente y otro no.

"Hasta que la muerte nos separe" es una de las frases del pacto matrimonial que puede estar privada de contenido y de sentido para muchos que las repiten en sus bodas, pero que también puede ser una apuesta por una fidelidad heroica que sí es posible para quienes ponen a Dios en el centro de sus matrimonios.

No hay duda de que las tentaciones contra la fidelidad son de las más frecuentes. ¿Cómo vencerlas? La primera y simple respuesta es perseverar. Puede ser que estemos pasando por una experiencia de noche oscura, experiencia que se convertirá en un proceso purificador y en un paso hacia una madurez nueva. De lo que no hay duda es que en nuestras vidas hay momentos en los que perseverar cuesta. Por ello, la fidelidad - basada en la perseverancia- no se puede lograr sin un conocimiento de Dios, quien es el único que nos es siempre fiel y de quien podemos aprender a ser fieles.

I.2) **Principales obstáculos y peligros para la fidelidad de pareja**

Hay tres grandes obstáculos para perseverar en el compromiso de la fidelidad mutua que acarrean ciertos peligros para la relación:

• *Deseos contrapuestos*
No hay duda de que podemos experimentar sentimientos conflictivos y deseos enfrentados que pueden dificultar mucho el perseverar en la dirección debida. De allí que haya tanta gente que se pregunte si es posible amar a dos personas al mismo tiempo....Mi opinión personal es que sí es posible pero NO es lo que Dios nos pide que hagamos de acuerdo a Su Palabra.

Cuando en Génesis 2:24, Mateo 19:5 y Efesios 5:31 se nos recuerda que dejará el hombre a su padre y a su madre y se unirá a su mujer y serán UNA SOLA CARNE, el principio de la unidad está basado en el principio de la exclusividad. ¿Cuántas mujeres creó Dios para Adán? Una. ¿Cuántos maridos le dio Dios a Eva? Uno. El matrimonio fue diseñado por Dios como una relación exclusiva entre dos personas, un hombre y una mujer que llegan a convertirse en uno, tanto física como emocionalmente.

Otro deseo encontrado de muchos hombres es casarse pero no perder la oportunidad de sentirse atraídos por otras mujeres e inclusive flirtear con ellas. Y éste es un tipo de infidelidad que destruirá sus matrimonios de todos modos. Mi consejo para ellos es que si eso es lo que desean, mejor no se casen...

• *Desilusión, desencanto y decepción*
Hay un inevitable desgaste en la vida y en las relaciones. Cuando el encanto del amor primero se

va, el valor de la fidelidad se tambalea. ¿Debo ser fiel a un ideal o a un proyecto que una vez tuve y que ahora ya no me dice nada? ¿Tengo que creer en una luz que no veo más, ya que estoy sumergido(a) en la oscuridad?...Y la respuesta es sí, porque cuando uno se compromete en el pacto del matrimonio lo hace para ser fiel en lo favorable y EN LO ADVERSO, en la salud y EN LA ENFERMEDAD, en la riqueza y EN LA POBREZA, en los buenos tiempos y en los malos...Se trata entonces de perseverar en la opción.

• *Pérdida de presencia*
Como bien señala el sacerdote José María Arnaiz en su blog "Umbrales", esta dificultad es menos precisa y menos fácil de definir. Incluso es más difícil de remediar. Se identifica con una real desilusión en relación con el compromiso, la persona a la que queremos o proyectos comunes con los que nos habíamos ilusionado y que han perdido relieve porque ya no están presentes en nuestro espíritu. La apatía y la indiferencia desvirtúan poco a poco el interés por nuestro compromiso. Nos desconectamos de él

convirtiéndonos en meros espectadores. Somos como un chofer de un carro de caballos que en un momento determinado, sin saber por qué, el caballo se desconecta del carro y nos quedamos mirando cómo se aleja... incapaces de hacerlo volver.

Esta apatía se soluciona con el reconocimiento de la existencia de un problema en la relación y la necesidad de acceder a ayuda. La terapia de pareja es uno de los caminos. La consejería espiritual es otro.

I.3) ¿Es verdad que las mujeres son menos infieles que los hombres?

Las estadísticas parecen demostrarlo. Una reciente investigación del *Journal of Couple and Relationship Therapy* afirma que 3 de cada 10 mujeres son infieles en sus relaciones (de novias o casadas); mientras que en el caso de los hombres, 5 de cada 10 lo son, por lo menos una vez en la vida. Pero claro que podríamos suponer que las mujeres mienten mejor que los hombres y son mejores al momento de ocultar situaciones de infidelidad.

Un dato importante es que los hombres que mantienen un menor número de relaciones sexuales antes del matrimonio (o relación de pareja estable y/o formal) serán menos infieles después de casarse, y las mujeres que tienen mayor número de relaciones físicas (con componente sexual) antes del matrimonio tienen más probabilidades de ser infieles en una relación exclusiva.

Los hombres son sexualmente más impulsivos que las mujeres, según un estudio de la Universidad de Texas divulgado en el *Personality and Social Psychology Bulletin*. Las mujeres tienen en promedio menos parejas sexuales que los hombres.

Es más probable que las mujeres sean infieles por situaciones de abandono, por falta de comunicación, de apoyo, de tiempo y dedicación. Cuando las circunstancias que posibilitan la infidelidad se presentan, empiezan a pasar por la cabeza femenina ilusiones originadas en esa sensación de vacío y esa necesidad de buscar algo o alguien que llene espacios.

Otro dato interesante es el proveniente de un reciente estudio presentado en la reunión anual de la Asociación Estadounidense de Sociología, realizado entre parejas casadas y en concubinato, que determinó que los hombres que ganan menos que sus parejas son más propensos a engañarlas, dato que se incrementa notablemente cuando el varón es latinoamericano. Los especialistas interpretan que el engaño "podría ser la vía que encuentran estos hombres para reestablecer una identidad de género que sienten amenazada".

Christin Munsch, de la Universidad de Cornell y autora del estudio, señala que: "Ganar menos dinero que la mujer puede amenazar la identidad de género de los hombres, al poner en tela de juicio la noción tradicional del hombre como sostén de familia. Esta relación puede ser particularmente fuerte en ciertos subgrupos para los que la masculinidad tiene tradicionalmente gran valor, como sucede en los latinoamericanos". Pero por otra parte, la investigación mostró que los hombres cuyas parejas son más dependientes de ellos, son también más proclives a ser infieles, lo que se torna en una situación sin salida para las mujeres.

Como era de esperarse, se constatan diferencias en el caso de las damas. El trabajo explica: "Si una mujer es el sostén económico de la familia, será más propensa a engañar a su pareja, mientras que si ella depende de su marido, es menos probable que le sea infiel".

En general, según el estudio, las mujeres son 50% menos propensas a engañar a sus parejas. "La feminidad no está definida por su estatus económico ni tampoco se define por sus conquistas sexuales. Más bien, dada la doble moral sexual, es probable que la dependencia económica lleve a las mujeres a ser más fieles".

El trabajo analizó datos de 1,024 hombres y 1,559 mujeres casados o concubinos al menos por un año. Entre sus conclusiones, encontró, además, que "a mayor educación, menos probabilidad de que él o ella sean infieles".

Desde la perspectiva de la teoría evolutiva, Romero-Palencia (2008) afirma que el ser humano cuenta con tres premisas comprobadas en diversas partes del mundo:

"[...] los hombres poseen un mayor deseo de variedad sexual de parejas que las mujeres; éstas requieren más tiempo que los hombres para consentir un intercambio sexual; los hombres buscan en mayor medida que las mujeres varias relaciones a corto plazo".

Romero-Palencia sostiene en su paradigma científico que los hombres son más propensos a la infidelidad. Y de cierta manera, los biólogos apoyan la idea de la psicología evolutiva, posicionando de mejor manera al género femenino. En sus estudios reconocen que los machos son más infieles, y que por la capacidad femenina de concebir y criar a los hijos, tanto en el reino animal como en algunas sociedades humanas, las hembras aseguran mayor protección y recursos para sus hijos cuando son más responsables y más fieles.

Aunque el origen etimológico de la palabra "diseminar" en español, no está establecido, nos recuerda a la palabra "semen", que obliga a hacer la asociación. Desde el punto de vista biológico, los varones están en el mundo para esparcir sus semillas. Y, por eso, los hombres son, por naturaleza, más promiscuos, según los psicólogos evolutivos.

¿Justificación conveniente para muchos?

La que viene a continuación agradará aún más a quienes creen que la infidelidad es inherente al ser humano, cuya opinión no comparto.

I.4) ¿Es verdad que la infidelidad tiene un componente genético?

Según científicos del Instituto Karolinska de Estocolmo, los hombres están en una búsqueda constante de diferentes olores, colores y texturas debido a una variante de un gen específico que condiciona también la forma en la que ellos se comportan con sus parejas. Este gen es el *Alelo 334, que se encarga del receptor de la arginina vasopresina, una hormona básica presente en el cerebro de la mayoría de los mamíferos* que se produce naturalmente con los orgasmos.

De ahí que los hombres dotados de esta variante del gen sean peligrosos para una relación estable. El descubrimiento radica en que "es la primera vez que se asocia la variante de un gen específico con la manera en que los hombres se comprometen con sus parejas", explicó Hasse Walum, del Departamento de Epidemiología Médica y Bioestadística del Karolinska y uno de los responsables de la investigación.

El análisis se llevó a cabo durante cinco años con más de 1,000 parejas heterosexuales, que confesaron en test psicológicos si se sentían felices, cómo era su convivencia, si reían o besaban a menudo y sobre el futuro de su relación.

Y el resultado fue que los hombres con el alelo 334 -dos de cada cinco en este estudio- afirmaron tener lazos menos fuertes con sus esposas y, además, éstas reconocieron que se sentían menos satisfechas con sus cónyuges que las que se casaron con hombres sin esta variante genética. Asimismo se da la circunstancia -revelada por el estudio- de que los hombres 'dotados' con dos copias del alelo 334 han tenido en su vida más crisis de pareja y sus esposas afirmaron estar más insatisfechas.

Sin embargo, Walum indicó que la influencia de los niveles de la hormona vasopresina y las relaciones sociales es "modesta" e insuficiente para predecir de forma exacta el comportamiento futuro de un hombre en una relación de pareja, ya que ahí intervienen otros factores socioculturales.

En el caso específico de los hombres con el alelo 334 "no significa necesariamente que estén menos capacitados para el amor, sino que se trata más bien de una limitación en la capacidad social", matizó Wallum. Aunque, según el científico, esto no equivale a estar "condenado" a fracasar en una relación de pareja, pero sí a que aumente la probabilidad de que ocurra y de que ese hombre sea más infiel.

La investigación sobre la promiscuidad masculina comenzó con un estudio sobre el comportamiento de los ratones de campo machos, que son monógamos según sea la recepción de la vasopresina en su cerebro. El receptor de esta hormona está conectado con el sistema de recompensas del cerebro, de modo que muestran un estado positivo cada vez que tratan con una ratón hembra de campo y se aparean.

Este hallazgo, más allá de excusar a los hombres infieles, servirá en un futuro para contribuir con la investigación de patologías caracterizadas por presentar dificultades en las relaciones sociales como el autismo o la fobia social, indicó el investigador.

José Antonio López (JAL), Doctor en CC. Biológicas (Biología Molecular) publicó recientemente un artículo cuestionando la validez de la aplicación de los resultados de esa investigación a los hombres infieles.

El científico alude al artículo de la revista *Proceedings of the National Academy of Sciences,* titulado "La variación genética en el gen del receptor de la vasopresina (AVPR1a) se asocia con el comportamiento monógamo en humanos" y se pregunta ¿qué significa todo esto? ¿Qué han encontrado "el gen" de la infidelidad?

Es bastante discutible que una revista científica como PNAS considere ese artículo tan relevante como para publicarlo en lugar de otros, aunque cada revista tiene sus criterios editoriales. Pero el problema aumenta con la amplificación social que los medios de comunicación hacen a partir de publicaciones científicas como esta. El diario El País, por ejemplo, publicó un extenso reportaje titulado "El gen que los hace infieles". La elección de un titular no es algo inocente, porque éste debe contener el "alma" del artículo: hay un gen que "determina" que los hombres que lo portan sean infieles, eso es lo que significa ese titular.

Sin embargo, leyendo el artículo completo, encontramos que el alelo en cuestión "no puede ser utilizado para predecir con ninguna precisión el comportamiento que tendrá un hombre en una futura relación", según palabras de Hasse Walum, el autor del artículo científico, del Instituto Karolinska.

Entonces, ¿Qué significado biológico tiene? También añade Walum que "Todo comportamiento humano tiene tres esferas, la biológica, la psicológica y la social, y todas ellas influyen de una manera u otra. La existencia de un factor biológico no significa que el hombre vaya a tener un problema de relación". Entonces, ¿En qué quedamos: el gen "hace" que los hombres sean infieles o no? Y si no "determina" nada, sino que sólo influye en el comportamiento, ¿En qué medida lo hace?... La verdad sea dicha: es muy fácil echarle la culpa al Alelo 334 para justificar la infidelidad. Pero los factores psicológicos, culturales y morales tienen mucho mayor peso en la balanza de la cruda realidad.

I.5) ¿Es verdad que hoy es mucho más fácil ser infiel que en cualquier otro tiempo de la historia?

El grave problema de la sociedad moderna es que Internet y las redes sociales están incrementando las oportunidades de ser infieles. Ya son cientos de miles los casos de parejas divorciadas en USA por causa de la infidelidad cibernética. La pornografía, el *ciber sexo* y cualquier material que conduzca a un hombre casado a desear a la mujer de su prójimo y no a la propia pueden ser consideradas actividades adúlteras.

En mis entrevistas para radioemisoras y televisoras locales, suelo hablar frecuentemente de los nuevos tipos de infidelidad y cómo no caer en la tentación de ser infiel cuando la sociedad pone la traición en bandeja, al alcance de un botón y sin tener que salir de la casa. Una de las formas de infidelidad que muy pocos consideran pero que es sumamente peligrosa es la infidelidad emocional, que surge cuando se busca satisfacer las necesidades emocionales y de atención en otra persona que no es la pareja. Y ésta se puede dar muy fácilmente a través del uso de las redes sociales para contactar con personas del sexo opuesto.

La infidelidad cibernética puede ser solamente romántica o platónica pero en muchos casos se convierte en explícitamente sexual a través del llamado *ciber sexo* con el uso de la webcam. Además, en muchas páginas de contactos en Internet se ofrecen contactos extra matrimoniales.

De esta forma, la persona se va separando más y más de su pareja porque está satisfaciendo todas sus necesidades con quien tiene intimidad emocional en la red. Y éste puede ser el principio del fin.

¿Por qué lo hacen?

En algunos, el que una computadora medie y los amantes no tengan un encuentro corporal es un estímulo a su autoestima. En muchos es la curiosidad la que los lleva a experimentar; otros tienen grandes vacíos existenciales que intentan llenar con este simulacro de amor. Sensación de vacío, abandono, soledad y desinterés por parte de la pareja, necesidades no cubiertas o búsqueda de novedad, son algunas otras causas de la infidelidad cibernética, pero ninguna de ellas la justifica.

Qué triste es cuando uno de los cónyuges se refugia en la computadora hasta altas horas de la noche o de la madrugada mientras chatea con alguien íntimamente. Los *chat rooms* son sumamente peligrosos. A quien me lee hoy y cree que lo que está haciendo no tiene nada de malo, le hago la siguiente pregunta: ¿Chatearía usted con esa EX que se encontró en el Facebook o con esa amiga del trabajo que le cae simpática si tuviera a su esposa sentada al lado suyo, al frente de la computadora, viendo lo que se escriben?

Hay quienes tienen este tipo de relaciones cuando están en crisis de edad y con una misma pareja por muchos años. Pero ninguna de estas causas justifica la infidelidad cibernética. Muchas personas que descubren que sus parejas sostienen este tipo de relaciones se sienten traicionados, lo que puede detonar la ruptura.

Internet cumple el mismo papel que cumplían en los años 80 las revistas *Play Boy* o similares, pero la diferencia y el peligro radica en que no tiene límites (como si los hay en una revista, que por ser un objeto físico se acaba), además una revista es un producto unilateral en el sentido que no puede respondernos, sin embargo en los chat y web para conocer "amigos" se abre un mundo de interacciones que pueden ser bastante adictivas y a la larga muy dañinas.

De allí que en éste, como en otros campos, prevenir sea mejor que lamentar. Pecar de ser demasiado fiel es mucho mejor que pecar por no asumir medidas preventivas.

1.6) Descubrir al infiel también es mucho más fácil actualmente

Los asuntos del corazón preocupan tanto que hasta ya se han inventado y están funcionando varias aplicaciones online (también para móviles) destinadas a descubrir si el ser querido es o no infiel. Si sospecha que su pareja le traiciona y cree que posiblemente tiene una aventura, un app como *Qoqoriqo* le permite introducir el número de teléfono móvil y la dirección de correo electrónico de su amado y buscar si está manteniendo contactos con otras personas que usted desconoce. Así comprueba si hay más personas que introdujeron los mismos datos de su pareja.

De esta forma, Qoqoriqo une directamente a las víctimas de la infidelidad con otras novias o novios de su pareja, mujeres y maridos, a través de simple contacto por la dirección de correo electrónico y número de teléfono móvil.

Si no encuentra nada, el usuario puede programar avisos para que en los siguientes días Qoqorico le alerte si hay personas que han usado los datos de su pareja. Existe, además, la opción de entrar en un foro público y discutir la infidelidad potencial directamente o por vía foro. El interesado puede juntar pruebas como fotos, facturas de telefonía móvil y correspondencia por correo electrónico con el fin de demostrar la infidelidad ante la corte.

Qoqoriqo fue fundada por Mawuna Koutonin, un empresario de la web africano de 39 años, que tuvo esta idea después de ver al novio de su amiga salir una noche con otra chica y sintió pena por ella. Según Mawuna, «Qoqoriqo es bastante simple, el sistema de búsqueda está dedicado a identificar el hecho de la infidelidad. La gente invariablemente deja pistas cuando tienen citas o flirtean, Qoqoriqo usa un instrumento de colaboración que colecciona los hechos para ayudar a la gente a averiguar la verdad sobre su relación».

Hasta se han dado casos de mujeres que acuden ante tribunales para interponer una demanda de divorcio basada en las evidencias descubiertas en Qoqorico sobre las infidelidades de sus maridos.

I.7) **Tipos de Infidelidad**

Pero no todas son infidelidades cometidas a través de Internet en los tiempos que corren. Las hay de varios tipos. ¿Cuántos de éstos has sufrido en carne propia porque tú la protagonizaste o porque alguien te pagó con esa clase de moneda?

En mi opinión, hay 5 categorías de infidelidad que se relacionan entre sí y se pueden dar simultáneamente: Es decir que se pueden dar dos o más juntas -porque una contiene a la otra- y no son fácilmente aislables, pero las siguientes 5 categorías te ayudarán a reconocer mejor el peligro y, Dios mediante, a evitarlo:

1) Infidelidad puntual o casual

Se caracteriza por tratarse de un hecho aislado, donde no hay una relación amorosa de por medio y donde usualmente los participantes no se verán más. Puede ser el caso de un marido que se acuesta con una *"escort"* (prostituta cara) cuando está de viaje fuera de su país o ciudad, por ejemplo.

2) Infidelidad emocional

Suele ser de mayor duración porque requiere del conocimiento mutuo de las partes. No llega al encuentro sexual pero sí involucra mucho flirteo y contacto físico. Es el tipo de infidelidad más practicado por las mujeres, quienes tienen un amigo a quien le confían todas sus intimidades y del cual terminan enamorándose platónicamente.

3) Infidelidad de compromiso

Es aquella en la que se da una relación seria y larga con la misma persona fuera del matrimonio. En ocasiones, el o la amante ocupa un lugar de tanta importancia que se anuncia al cónyuge el posible divorcio... pero la mayor parte de los infieles de este tipo no llegan a consumar su amenaza. Puede ser que el cónyuge lo sepa y no haga nada, pero en la mayoría de los casos, es el cónyuge quien pide el divorcio.

4) Infidelidad múltiple

Suele estar basada en la adicción sexual de quien incurre en ella. Se caracteriza por los numerosos encuentros sexuales pasajeros que el infiel tiene de manera regular.. Lo que le atrae más es cambiar de pareja constantemente. El infiel tiene sexo con quien sea, a cualquier hora y en cualquier lugar. En el caso de la ninfomanía, el sexo se convierte en una enfermedad.

5) Infidelidad Cibernética

Es la más reciente y creciente. Suele iniciarse como infidelidad emocional a través del encuentro de una persona con la que se establece una conexión regular y a la que se le cuentan cosas muy personales. Se da en los *chat rooms*, los sitios para buscar pareja en Internet, en *Facebook* y otras redes sociales.

En muchos casos no se llega al encuentro sexual "real" pero sí puede conducir al *cibersexo*. Sin embargo, en el otro extremo del espectro, algunas personas solamente buscan el sexo en línea, sin interesarse para nada en establecer relaciones amorosas. Suele relacionarse también con la infidelidad múltiple, cuando se trata de la adicción a la pornografía y la práctica del *cibersexo*.

I.8) Principales causas de la infidelidad

Una reciente investigación científica realizada por la Facultad de Psicología de la Universidad Nacional Autónoma de México, se propuso detectar las causas que llevan con más frecuencia a los hombres y las mujeres a presentar la conducta de infidelidad. Para ello, se trabajó con una muestra no probabilística de tipo intencional, compuesta por 75 parejas de casados y 75 parejas de solteros en una relación de noviazgo, residentes de la Ciudad de Toluca, bajo la condición de haber cometido una infidelidad hacia su pareja.

Valdez Medina & Aguilar (2012), comentan que frecuentemente se llega a la infidelidad buscando una revaloración de su rol en la relación, demostrando a la pareja que en su medio existe alguien más que los puede amar y brindarles aquello de lo que carecen con ella.

En el estudio mexicano se encontró que los hombres - tanto casados como solteros- llegan a la infidelidad porque en su relación se sentían aburridos, confundidos y les faltaba algo nuevo. Esto podría explicarse a partir de que se ha encontrado que la causa más frecuente de infidelidad en los varones, es el sentimiento simple de fastidio sexual, emocional o ambos, ya que por naturaleza los machos de diversas especies, incluida la humana, presentan una tendencia a buscar variedad sexual, sobre todo después de una relación de largo tiempo (Block, 1979; Fisher, 2007).

Además de la propensión biológica hacia la variedad, frecuentemente se llega a la infidelidad no sólo por aparearse con fines reproductivos y de conservación de la especie, sino por tratar de satisfacer una necesidad netamente instintiva y por conseguir el placer que este acto provoca (Buss, 2005; Valdez-Medina 2009).

Por ello, la educación psico-sociocultural que propone que la pareja sea exclusiva, pone en conflicto a sus miembros, ya que a pesar de estar en una relación satisfactoria, tanto hombres como mujeres que se emparejan, pueden sentir la necesidad de experimentar vivencias novedosas y cambios que conllevan el riesgo de que cualquiera de ellos recurra a ser infiel. Por otro lado, en el caso de los participantes que regresaron o siguieron con la pareja a la cual le fueron infieles, ambos sexos coincidieron en decir que volvieron con ella porque en esa relación se sentían queridos, estables y bien.

Al respecto, las diferencias por sexo indican que las mujeres se sentían protegidas, mientras que los hombres se sentían amados, que en ambos casos implica una aceptación, que es la base para que la relación perdure. En este sentido, Valdez y Medina (2012), comentan que para que el amor en pareja se dé adecuadamente, requiere que se acompañe de aceptación abierta -con gusto y sin queja de cada uno de los miembros-, que haya confianza entre ellos, y que se brinden apoyo, seguridad y protección, que es la base de las razones encontradas en cuanto a la recuperación de las parejas.

Este último hallazgo resulta interesante, puesto que la base de la infidelidad es la búsqueda de satisfactores que no se tienen con la pareja establecida. Sin embargo, al mismo tiempo estos resultados muestran que con la pareja con la que se fue infiel no encontraron lo que esperaban obtener, viéndose motivados a regresar con la anterior pareja, dejando ver con ello, que perder la relación inicial puede llegar a ser más costoso que mantenerla.

Con base en lo anterior, es importante profundizar en las razones que impulsan a hombres y mujeres a llegar a la infidelidad, detectando si ésta tiene una base biológica o más de carácter psico-sociocultural, con la finalidad de poder entender de mejor forma el origen de esta conducta que cada vez se presenta con mayor regularidad y apertura en ambos sexos.

Requieren ser más estudiadas algunas otras posibles causas que lleven tanto a hombres como mujeres a la infidelidad, tales como la búsqueda de imagen personal, de jerarquía, de competitividad, por un hambre específica, por sentirse amado, deseado, o por un simple impulso de origen netamente instintivo o biológico.

Desde una perspectiva más pragmática, paso a reseñar a continuación las 33 causas más frecuentes de la infidelidad masculina, según la terapeuta Karen Langebeck :

Insatisfacción sexual al interior de la relación de pareja

Necesidad de conquistar a otras personas para sentirse deseado

Rechazo a la monotonía que genera el tiempo en las relaciones de pareja

Patrones de comportamiento similares a los observados en su familia

Crisis existencial

Falta de atención y reconocimiento por parte de su pareja

Sentimiento de soledad y abandono aun teniendo pareja permanente

Presión social y necesidad de ser aceptado en un grupo determinado

Falta de atractivo y cuidado personal de su pareja

Celos excesivos por parte de la pareja

Sentirse inferior a su pareja por motivos económicos (ganar menos dinero que ella, lo que le impide ser proveedor familiar)

Imposibilidad de decir "no" ante una propuesta sexual

Falta de identidad y pertenencia dentro de la relación de pareja

Su pareja le ha hecho sentir que no es un buen amante

Adicción al sexo

Necesidad o deseo de venganza por una infidelidad previa

La rutina y el diario vivir le aburren

Búsqueda de una pasión sexual que "llene" vacíos emocionales

Curiosidad y necesidad de tener experiencias excitantes y prohibidas

Enfrentarse a cambios y nuevos retos que le generan tensión

Prefiere mujeres más jóvenes a su pareja

Falta de compromiso y respeto frente a su relación de pareja

Considerar que lo prohibido es más emocionante

Su pareja se encuentra embarazada

Tiene demasiado poder y necesita mayor reconocimiento

Extrema libertad o control por parte de su pareja

Rechazo sexual por parte de su pareja

Disfrazar su baja autoestima convirtiéndose en un conquistador

Considerar que la monogamia no es necesaria ni divertida

Sentirse presionado por la pareja a hacer y pensar la vida como ésta lo considere

Se ha perdido la comunicación en la pareja o nunca ha sido efectiva

Se negocian los valores a cambio de experiencias

Enfermedades constantes y repetidas en la pareja

Ahora bien, desde mi perspectiva, ninguna de estas causas justifica ni justificará nunca la infidelidad.

I.9) ¿Por qué las mujeres los prefieren fieles y por qué hay hombres que sí lo son?

En una reciente encuesta realizada por el portal Peru.com entre 1,000 mujeres de 21 a 54 años de edad, el 84% manifestó valorar la fidelidad como la cualidad más importante en su hombre. Más de 8 de 10 mujeres clasificaron la fidelidad como el atributo más deseado. Y los resultados no me sorprenden porque -después de muchos años de aconsejar a mujeres de todas las edades y nacionalidades- no he llegado a conocer una a la que no le moleste o duela que su hombre le sea infiel.

La tendencia de la mujer hacia el vínculo físico y emocional es un imperativo biológico para criar a los hijos de manera correcta. Es importante que el hombre le demuestre que es fiel y que estará allí para ella y sus hijos.

Las mujeres quieren creer que las únicas razones que tienen los hombres para ser fieles es que adoran a su esposa como el primer día, se sienten muy felices y piensan que la infidelidad es moralmente inaceptable. Es cierto que existen hombres así.

Pero a buena parte de los hombres les da miedo que les descubran una infidelidad. De acuerdo con una reciente encuesta Gallup, solo el 6% de los americanos ve la infidelidad como aceptable. El 64% dice que es una ofensa imperdonable. Tal vez muchos hombres serían infieles si pensaran que se pueden salir con la suya, pero saben que van a ser descubiertos porque son bastante olvidadizos, desorganizados, despistados y se delatan a sí mismos. Contestan con monosílabos muchas llamadas misteriosas, no hablan por teléfono delante de la esposa, se les escucha susurrando en el baño, se ponen nerviosos cuando suena el teléfono, guardan el celular como un tesoro, olvidan borrar llamadas, salen de la casa de repente, o se tardan demasiado echando gasolina o lavando el carro. Quieren la aventura, pero no están dispuestos a pagar el precio. Por eso no quieren ser descubiertos y se mantienen lejos de la tentación. Ojo: cuando buscan que los descubran, el matrimonio está seriamente en peligro.

Algunos hombres tienen ocupaciones o profesiones difíciles para que una familia se adapte. Una vez consiguen una compañera junto a quien desarrollan el estilo de vida de acuerdo a sus necesidades, no tienen el tiempo ni les interesa arriesgarse a ser infieles. Las aventuras consumen tiempo. El día no tiene suficientes horas para dedicar al matrimonio y a la otra. A la larga, la otra se convierte en otro trabajo extenuante. Muchos hombres saben que no son buenos siendo infieles y piensan que tienen demasiado que perder por un flirteo que se puede complicar por no saberlo manejar. En su ignorancia, podrían caer presas de alguna otra que sepa más que ellos y los haga perder el control de la relación. Pero, casi siempre, si de ellos depende, escogen mantenerse a salvo.

Muchos hombres suelen ser perezosos. Desde los más célebres y ricos hasta los más comunes, les gusta tirarse en el sofá a ver los juegos y beber cerveza, en la comodidad de su casa. El romance, en contraste, requiere trabajo intenso como ducharse, afeitarse, vestirse bien, comprar flores, ir al cine, leer un libro para impresionar, dárselas de conversador (cuando prefieren no hablar), viajar, hacer reservaciones para cenar, reservar un cuarto en un hotel o coordinar el lugar de encuentro con su amante. Toda esa energía durante un tiempo prolongado les destroza el sistema nervioso y los agota física y mentalmente. También los hace cometer errores que los delatan. El relajamiento y la autenticidad que han logrado en su hogar son más cómodos para ellos.

Otros hombres han conseguido, junto a su esposa, una vida económicamente estable e incluso abundante. Conocen la matemática del 50%-50%, pensiones alimentarias y manutención conyugal de un divorcio. Deciden mantenerse bien lejos de los flirteos para evitar complicaciones... y divisiones financieras. Tal vez todas estas razones sean demasiado prosaicas para sonar convincentes...pero son reales.

I.10) **Infidelidad e infelicidad.-**

No nos engañemos, todos sufrimos en una situación de infidelidad, y cuando decimos todos, es todos, los infieles, los amantes y los cornudos (¡qué término más feo!).

Y al igual que es feo el término, la parte más fea se la lleva la víctima de la infidelidad. ¿Por qué? ¡Fácil!. Al final las otras dos partes, amante e infiel, pueden elegir, pueden decidir estar o no en el triángulo, pueden echarse atrás, pueden ponerle fin cuando decidan y otra cosa muy importante, saben qué ocurre en todo momento. Pero la víctima de la infidelidad si no sabe nada, ¿qué puede hacer?; si intuye algo y se atreve a preguntar, porque no todo el mundo se atreve, no siempre va a obtener una respuesta sincera y si la obtiene ¿ahora qué?

Y otra cosa, no es lo mismo un rollito que surge en un momento determinado, que una relación paralela, donde ya se mezclan sentimientos,... Y desde luego no hace el mismo daño, todo duele ya sabemos, pero no es igual.

"La otra" suele sufrir mucho también, sobre todo si se entera después de un tiempo que su hombre era casado (porque él se lo había ocultado bien)

- Imagínate que tú eres la otra. Ese hombre tiene una doble vida y no te ofrece nada. Tampoco estará en momentos importantes de la tuya, la Navidad, las vacaciones, las bodas, cualquier evento que surja o cualquier circunstancia en que lo necesites de emergencia y él esté con su familia. No podrás contar con él. Punto.

- Ahora, imagínate como el infiel: siempre tratando de compaginar las dos relaciones, siempre con el miedo a ser pillado, "a ver si me va a oler su colonia", "¿no me llamará ahora?, siempre entre dos aguas. Con la indecisión acuestas, sabiendo que a alguna, o las dos partes o a ti también vas a acabar haciendo daño. Algún día habrá que decidir qué hacer con tu vida y entonces, si es que no deciden por ti, tendrás que optar, tendrás que elegir... y no parece que tengas facilidad para hacerlo. Porque dejar a tu esposa y a tus hijos por otra no resulta fácil!

- Y por último, imagínate que eres la víctima. Imagínate tu dolor al pensar que aquello que notas, que intuyes, puede ser cierto. "Puede haber alguien en su vida" y entonces,... te pasas los días como detective secreto sin serlo, buscando indicios, buscando pistas... ¿no será que algo va mal entre ustedes?, te preguntas. ¿Qué harías si es verdad?, ¿Perdón? ¿Ruptura? Ambas soluciones llevan muchos lastres detrás.

En los tres casos, dolor e infelicidad.

Ciertamente, la fidelidad es la base de la felicidad conyugal.

II
RADIOGRAFIA DEL
HOMBRE INFIEL

II.1 EN LA ETAPA DE LA CONQUISTA

II. 2 ESTANDO EN LA RELACION

II. 3 DESPUES DE UNA RUPTURA

II.4 DE VUELTA CONTIGO

II) RADIOGRAFIA DEL HOMBRE INFIEL

II.1) EN LA ETAPA DE LA CONQUISTA

II.1.1) Miente sobre su identidad y su pasado

Un hombre que se ha acostumbrado a ser infiel desde muy joven, que ha crecido viendo a su padre, hermanos y demás familiares varones haciendo de las suyas en materia de mujeres, se convierte en un experto en el arte de mentir y, en buena parte de los casos, termina creyendo sus propias mentiras.

Por otra parte, con la proliferación de la búsqueda de pareja en Internet y la presencia todopoderosa de las redes sociales, mentir se ha vuelto cada día más fácil, sobre todo para aquellos que usan alguno de los miles de *Online Dating sites* que guardan el anonimato de sus suscriptores.

Se miente en la auto- descripción, en la definición de quién y cómo es el autor del "perfil" en el website de citas por Internet, en el tipo de relación que se desea tener, en la edad, en las fotos (que muestran a una persona mucho más joven y delgada), en la ocupación, la ciudad en la que se vive...en todo. Pero claro está que no todo el mundo miente, solo los *scammers* (estafadores) y los *players* (jugadores) que, en mi opinión, representan entre un 15 y un 20% del universo del *Online Dating*.

Luego, en el momento en que las personas que se conocieron en Internet se encuentran cara a cara, tienden a falsear quienes son en realidad, poniéndose una careta, la que muestra solamente lo mejor de cada uno, diciéndole al otro lo que el otro quiere escuchar y no lo que se piensa en realidad. Los hombres saben que a las mujeres se las conquista por el oído y por eso les susurran los más bellos cumplidos o elogios, las palabras más dulces y románticas...con el objetivo de llevarlas a la cama lo antes posible.

Un aspecto sobre el cual la mayor parte de los hombres suele mentir en las primeras citas es su pasado. Si la dama le pregunta a su pretendiente de turno por qué se divorció o terminó con la última novia, la respuesta suele ser fabricada para impresionar gratamente a la fémina. Inclusive, a algunas les pasa bien avanzada la relación...y se enteran de cosas que fueron ocultadas y que, al descubrirse, conducen al rompimiento de la confianza...

Tal es el caso de Diana. Ella estaba por casarse con Claudio, después de 2 años de noviazgo. Ellos eran cincuentones en ese momento. Cuando se conocieron, él le dijo que se había divorciado de la madre de sus hijos después de 20 años de matrimonio, porque ella le fue infiel...pasaron los meses, y aunque hablaban de muchos temas del pasado, él nunca se atrevió a confesarle una verdad que le escondía...Ella era una mujer muy religiosa, viuda, que tenía un alto concepto del matrimonio...El mismísimo día de la boda civil, cuando ella regresó de trabajar para recoger a Claudio e ir ambos al Juzgado de Paz, él la recibió en su casa con cara larga. "Te tengo que confesar algo importante, querida Diana", le dijo. A ella se le cayó la quijada de la sorpresa. "No me atrevía a decirte esto antes porque me daba miedo...miedo de perderte....porque tú tienes tan alto concepto del matrimonio…Yo no me he divorciado una vez solamente, sino tres" Y procedió a mostrarle los papeles de cada divorcio… Diana se quedó estupefacta…y…canceló la boda.

A ella no le importaba tanto el número de divorcios como el hecho de que él le había mentido durante tan largo tiempo y sobre algo de tanta importancia…si le mintió en eso…en ¿cuántas otras cosas podría estarlo haciendo?

Las mentiras en el romance en la red se han extendido hasta tal punto que esto explica por qué el documental *Catish* ha sido todo un éxito, alabado por crítica y audiencia, y se convirtió también en una serie de televisión que retransmite *MTV*. La película narra el periplo de un fotógrafo neoyorquino hasta descubrir que su cibernovia no era quien decía ser. Después, Nev Schulman decidió solidarizarse con todos los internautas en su misma situación y ahora recorre la geografía estadounidense ayudando a los *ciberdaters* a confirmar o desmentir sus sospechas.

Pero los hombres no están solos en esto. Las mujeres tienen cierta propensión a falsear su peso, edad y descripción física. Mientras ellos, también mienten sobre sus números, pero suelen hacerlo además de la edad, sobre la altura y los ingresos. Así es al menos en Estados Unidos, según aseguran los portales *eHarmony* y *Match.com*. Destaca también la inclinación masculina a mentir sobre su estado civil, un aspecto que no aparece en ninguna de las listas de embustes femeninos reportados por las principales páginas de citas.

Lo que sí es muy cierto es que, cuando un hombre se ha acostumbrado a mentir desde la etapa del cortejo, desde las primeras citas, le será mucho más fácil ser infiel, porque para ser infiel hay que saber mentir.

II.1.2) **Ha tenido muchas experiencias amorosas fracasadas y va de una relación a otra sin ton ni son (y acaso, ¿tú también?)**

Una de las banderas amarillas que deberías tener en cuenta cuando un hombre se interesa por ti es la cantidad de fracasos amorosos que ha tenido antes de conocerte...Es lógico suponer que a mayor edad, mayores probabilidades de haber acumulado una mayor cantidad de experiencias fracasadas pero nada justifica que un hombre esté cambiando de mujer como de camisa...y si presume de ello,peor aún...bandera roja! Un comentario típico del Casanova cuando le preguntas por sus Exes es algo como esto: "He tenido tantas que he perdido la cuenta...pero tú serás la última!"... ¿Seguro? ¿De verdad? ¿Quién le puede creer que no acumula mujeres como trofeos?

Resulta sumamente difícil precisar qué número de fracasos amorosos es "normal" y a qué edad...No conozco a nadie que haya logrado encontrar una fórmula matemática para esto...Pero lo que sí es cierto es que a menor número de experiencias amorosas fracasadas, mayores probabilidades de que ese hombre tenga éxito contigo. Mientras menos parejas amorosas se tienen, mayor estabilidad emocional se revela. Quienes tienen pocas parejas a la largo de la vida suelen ser personas confiables, fieles y perseverantes. Y lo opuesto se puede decir de quienes tienen demasiadas.

Rebeca, una joven soltera de 31, me confesó en consulta que estaba saliendo con un hombre muy interesante de 35, quien desde la primera cita le contó como gran cosa que, desde los 20, tenía un promedio de 60 relaciones anuales, con mujeres de su entorno y otras que conocía en Internet, porque eran solamente relaciones sexuales de tipo casual, sin compromiso alguno...Mi consejo para Rebeca fue el siguiente: "Huye, huye de ese hombre como del mismo diablo!"... Ella le había querido creer el cuento de que ya estaba listo para sentar cabeza con una mujer como ella...a mí me tocó la responsabilidad de desenmascarar al Casanova...y en buena hora, porque al cabo de unos meses, Rebeca se enteró que se estaba casando con otra, de la que se divorció 3 meses después...

Uno de los conceptos más interesantes en el área de las relaciones es la 'recuperación'.

Un estudio llevado a cabo por investigadores de la Universidad de Missouri que fue publicado en *Live Science* puso en términos científicos algo que ya era sabido por muchos: A la gente le gusta involucrarse sexualmente con otras personas después de terminar una relación. "Las personas realmente usan el sexo como una forma de olvidarse o vengarse de su ex-pareja después de una ruptura", en opinión de la investigadora Lynne Cooper.

Es poco usual, sin embargo, que alguien quiera quedarse con la persona con la que se ha involucrado para olvidar a su ex y usualmente sigue su camino dejando a esa persona atrás. Por lo demás, nadie quiere necesitar a alguien para poder superar un quiebre. Incluso quienes intentan hacer que la relación funcione con esta nueva persona, se dan cuenta de que la relación está destinada al fracaso.

Mi pregunta para las personas que pasan de una relación "fracasada" a otra es obvia: ¿No será que no tienen éxito porque han estado usando a la nueva persona para olvidar a la anterior?

Quisiera dirigirme ahora, directamente, a quienes usan este método y comprueban que no sirve, una y otra vez, pero no lo abandonan. ¿Eres tú una de ellas?

Toma en cuenta lo siguiente:

Necesitas tiempo para respirar y volver a ser plenamente tú

Si alguna vez estuviste enamorada de esta persona de la que te acabas de separar, aunque fuese sólo por un tiempo, entonces la dirección en la que iba tu vida ha cambiado de manera drástica.

Como persona, has cambiado la dirección en la que se movía tu vida y estás a punto de comenzar un nuevo viaje: un viaje que te cambiará. Lo último que quieres es comenzar este nuevo desafío sin tener el rumbo claro mientras te atacan un montón de emociones. Date tiempo para bajar el ritmo y analizar lo que te rodea. Siente el suelo bajo tus pies y permítete comprender con exactitud el lugar en el que estás.

Te metes con alguien simplemente porque te sientes herida y quieres canalizar ese dolor en el sexo. Buscas una distracción y dependiendo de cómo terminaron las cosas, quizás también buscas castigar a tu ex.

Date un tiempo para pensar en la relación que acabas de terminar

Los seres humanos tenemos un mal hábito: nunca queremos estar solos... y aún más: nos da miedo terminar solos. Hay pocas cosas en la vida que nos causen más temor que pensar que nunca más seremos amados de la forma en la que deseamos serlo. Quienes han experimentado lo que es el amor, al menos una vez en la vida, buscarán volver a sentirlo al menos una vez más antes de morir. Desafortunadamente, lograr tener una relación amorosa exitosa es mucho más difícil y requiere mucha más entrega de lo que las personas esperan.

Analiza tu relación y asegúrate de no volver a cometer los mismos errores. No es ningún secreto que cargamos con ciertas cosas cuando terminamos una relación y empezamos otra. Sin embargo las cargas emocionales son lo que son sólo si no podemos deshacernos de ellas y nos siguen a donde quiera que vayamos. Si en tus pasadas relaciones amorosas sólo has conocido hombres infieles, lo más probable es que en la próxima atraigas otro, simple y llanamente porque no te has dado tiempo para sanar y para cambiar.

II.1.3) **Habla mal de sus Exes: él nunca tuvo la culpa de ninguna ruptura**

El mujeriego, el hombre infiel, tiene un pobre concepto de las mujeres en general, por eso las usa como objeto sexual una y otra vez y por eso habla mal de ellas. Solamente su mamá y sus hermanas se salvan (y no siempre!).

Con la mayor de las naturalidades te hablará mal de sus Exes y si le preguntas la razón o motivo de su divorcio y otras relaciones amorosas fracasadas te dirá que la culpa la tuvo la mujer que le hizo esto o aquello, que era posesiva y celosa, o que no lo comprendía o trataba de la manera en que él lo merecía....En resumen, no reconocerá su responsabilidad en ninguno de sus fracasos, o si reconoce algo de responsabilidad, no será un reconocimiento categórico. Un ejemplo claro es el del hombre que justifica haber sido violento con su EX porque ella lo sacaba de quicio.

En el fondo, la imagen negativa, distorsionada y llena de prejuicios que tiene de las mujeres en general, le impide ver la verdad: el problema es él.

En general, cuando se habla mal de un o una 'ex', en realidad se está hablando mal de uno mismo, se habla mal de las decisiones que tú mismo tomaste y esto repercute en la percepción que tendrán futuros prospectos sobre ti. Si se dicen cosas negativas de la ex pareja, generalmente es por dolor, despecho, coraje y casi siempre quien cae en este error no es quien dio por terminada la relación.

Ten mucho cuidado cuando llama a su ex novia "loca." Muchos hombres dicen esta mentira porque no están dispuestos a aceptar la responsabilidad de la ruptura. También es una forma clásica de encubrir la comunicación con su ex a tus espaldas. Por ejemplo, es posible que diga: *¡no sé por qué me llama! ¡Está loca!*

Un típico comportamiento del hombre infiel es el de buscar culpables de los propios errores en factores externos a sí mismo. Culpa a otras personas, al tiempo, al signo del zodíaco, a la mala suerte, etc., en vez de intentar darse cuenta de la participación que él mismo tuvo en lo que le sucedió. Si llega a confesar que le fue infiel a alguna de sus anteriores mujeres, le echa la culpa a ella de que él lo fuera: "no tenía sexo en casa... ¿qué querías que hiciera?", puede ser una de sus excusas.

Muchos hombres son incapaces de aceptar que cometieron un error. O que no supieron cómo hacer algo. Es más fácil y conveniente acusar a la mujer de turno. Es muy cómodo atribuirle a terceros que las cosas no hayan salido como buscaba. Esto le da cierto matiz de seguridad, ya que lo deslinda de toda responsabilidad sobre los acontecimientos desagradables de su vida. Niega la realidad. "Mis aciertos son míos, los desaciertos ¡no me corresponden!", dice el Don Juan. Son por culpa de esas otras.

Proyecta su infelicidad en los demás, en lugar de tomar medidas para hacer cambios que, obviamente, no quiere hacer. Asimismo, muchos de estos hombres infieles, le echan la culpa de sus fracasos amorosos a sus ex mujeres por mantener su ego elevado: El ego busca mantener la actitud de creer que los demás deben estar a la merced del ególatra porque él no soporta no tener control sobre los demás. Un ególatra siempre buscará mil explicaciones -incluso irracionales- para buscar tener la razón en algo y de este modo manipular a personas débiles de autoestima, dignidad y convicciones.

II.1.4) Alardea para conquistarte y te dice lo que deseas escuchar

Quien te va a ser infiel luego, algo avanzada la relación, te cuenta toda una colección de cuentos chinos para conquistarte. No han pasado ni 15 minutos de la primera cita y ya te comentó que tiene dos propiedades en las Bahamas, tres empresas y un BMW último modelo... Se te acerca al oído para decirte que te va a llevar a vivir a París y... ¡Sales corriendo!

Creo que casi todas las mujeres buscamos a una persona que nos interese por sus cualidades y virtudes morales, porque su charla es agradable, porque hay una química sensacional o porque es sumamente inteligente y atractivo, no porque nos recite su lista de bienes. Sin embargo, debido a su gran carisma, puedes caer en las redes del hombre infiel que al principio te dice todo lo que deseas escuchar y te va ganando, de a pocos, con tanta miel susurrada al oído.

Mister conquistador es adorable y es asediado por muchas mujeres a la vez. Es guapo, seductor y te enamora en un abrir y cerrar de ojos, una vez que caes y ya estás viendo revistas de boda, él ya está ocupado con una nueva conquista y te cambiará por otra antes de dar el sí (o lo da para serte infiel al cabo de poco tiempo de casado).

El sabe que debe decirle cosas que realmente te hagan sentir segura y que no te coloquen en abierta competencia con las otras mujeres en su vida (que mantiene ocultas, por supuesto). Puede decirte frases bellas –y cursis- como las siguientes:

Me gustas porque no eres igual a las demás mujeres, porque eres un enigma.

No eres como las demás, tienes algo inexplicable que me enamora.

Cuando estoy contigo, me elevas a otro mundo, un mundo en que solo existimos tú y yo.

Tu hermosura es tan grande que a cada resistencia crecen mis ganas de tenerte.

Solo con tu belleza soy capaz de caminar en esta vida.

Eres maravillosa, eres mi mundo entero/

Soy capaz de hacer hasta lo imposible por tenerte entre mis brazos.

Puedo ser el hombre con que el que siempre soñaste.

Por ti puedo convertirme en el hombre perfecto.

Eres la mujer de mis sueños…sólo tengo ojos para ti.

No puedo vivir sin ti un minuto más.

Todo suena tan bello que muy pocas mujeres se resisten, sobre todo porque él domina el arte de la seducción y ha aprendido que a la mujer se la conquista por el oído. Y como ha tenido tantas mujeres en su haber...a él le cae como anillo al dedo el refrán que reza "la práctica hace al maestro"....Donde él pone el ojo, pone la bala...Que no te quede duda de que estas mismas palabras se las ha dicho y se las sigue diciendo a cuanta mujer atractiva le pasa por delante.

¿Qué hacer entonces? Comprender, asumir y practicar el arte de NO dejarse seducir por palabras huecas, palabras que se lleva el viento, palabras destinadas a conquistarte como uno más de sus cientos de trofeos....palabras, palabras, palabras!

II.1.5) **Te envía un mensaje "forward" dirigido a otras mujeres porque se olvidó de ocultarlas...**

Hace poco me llegó a consulta una dama que se iba a casar con un hombre que, sin ella saberlo, le había propuesto matrimonio a otras mujeres más, al mismo tiempo. Me narró la historia entre sollozos:

"¡Había resultado ser un estafador de primera! ¡Y yo era una más de las muchas mujeres ingenuas que había caído en sus redes!... Ahora logro entender cabalmente por qué estaba tan interesado en ayudarme a abrir una ONG (organización sin fines de lucro) o una Fundación en su ciudad, en el estado de Nuevo México, cuando nos casáramos.. Él iba a ser el administrador de mis negocios, y por tanto iba a encargarse de mi dinero... ¡Más claro ni el agua! Su interés en mí era solamente financiero...tenía una agenda oculta. Me usó y me iba a usar el resto de mi vida si yo se lo hubiera permitido...

Mi ingenuidad no fue tanta como para confiar en él de buenas a primeras y darle en la yema del gusto en cuanto a la apertura de dicha Fundación, pero su trabajo era muy "fino" y tal vez con mayor dedicación y constancia, hubiera logrado hacerme caer en sus redes....A las otras mujeres también les pedía dinero de manera indirecta...Ana me escribió para decirme que era su amante y que mi novio le había propuesto matrimonio...Ninguna de las dos salíamos de nuestro asombro cuando le dije que conmigo también había hablado de boda...Ella había descubierto mi email (entre otras direcciones de correos electrónicos de otras mujeres) en un mensaje tipo *forward* que él había enviado a todas sin notar que los destinatarios no aparecían ocultos (como seguramente lo había hecho muchas veces antes). Así me enteré de sus andadas con esta mujer que reside en Tampa, a la que también iba a ver cada vez que venía a verme a mí a Fort Lauderdale. ¡Bien que mataba dos pájaros de un tiro en cada viajecito! ¿O tal vez tenía otras mujeres más en el área y a todas les contaba los mismos cuentos?... ", me contó la mujer desconsolada.

Y no es la primera historia que llega a mis oídos de estafadores que enamoran a varias mujeres al mismo tiempo para ver cuántas caen y les dan dinero...Si el romance es "online" la labor se les facilita inmensamente porque lo único que tienen que hacer es reenviar los mismos textos a todas o hacer el famoso "copy & paste"...

Y pensar que todavía hay mujeres ingenuas que se creen el cuento del enamorado que les escribe poemas "únicos" creados para ellas exclusivamente. (la mayor parte son poemas tomados de websites de poesía amorosa y el *player* (jugador) ¡no tiene que hacer el menor esfuerzo para parecer un Cirano de Bergerac!)....

De allí la importancia de prepararse para reconocer a los estafadores y jugadores en la red....quienes son infieles *per secula seculorum* y ¡ellas no podrán cambiarlos!

II.1.6) **Es un jugador con pasta de infiel: Lleva varios meses saliendo contigo....¡y con otras!**

Es lógico suponer que mientras no existe una relación de pareja comprometida y exclusiva, ambos puedan seguir saliendo con otras personas sin sentir que se están siendo infieles...pero ¿qué pasa cuando tú crees que él está dedicado a ti exclusivamente y luego te enteras que no, porque está saliendo también con otras? ¿Cómo te sientes?...Lo más probable es que lo quieras aclarar y le preguntes: "Qué soy yo para ti?" o "Qué tipo de relación tenemos?" y mientras más lo acorrales, menores serán las probabilidades de que se quede contigo....En cuyo caso, te haría un gran favor porque, la verdad sea dicha, lo más probable es que se trate de un mujeriego que al mejor estilo de Julio Iglesias les cante a Menganita, Sutanita y Perenseja "Las amo a todas"....

La mayoría de las mujeres jóvenes (e inclusive las no tan jóvenes) tienen problemas para definir el rumbo hacia dónde quieren que vaya la relación. A esto se debe que no resulte lo que esperaban y terminen con el corazón roto.

Para que lo puedas detectar tempranamente, obsérvalo con el cerebro, no con las hormonas.

Observa si solo sale contigo a determinadas zonas de la ciudad.

Una forma de saber si está jugando contigo es ver si se siente cómodo llevándote a todas partes o si se pone nervioso o reticente cuando le propones ir

a una parte nueva de la ciudad o a una aventura diferente. Si se comporta de esta manera, podría deberse a que sale con otras chicas en distintas partes de la ciudad y no quiere tener altercados incómodos. Si quieres saber si está jugando contigo, menciónale con naturalidad
que quieres ir a otro restaurante, a otro cine o a otro parque público de la ciudad para ver cómo reacciona.

Si en verdad está jugando contigo, es probable que lo tenga todo fríamente calculado. Si intentas cambiar su horario y lugares habituales, podrías ser capaz de descubrir su engaño.
Pregúntate a ti misma si él siempre es el único que decide a donde deben ir. Por supuesto, es posible que quiera hacerse cargo por otras razones, pero podría ser una señal reveladora de que quiere mantenerte lejos de sitios en los que podrías encontrarte con alguna de sus otras novias.

Observa si actúa extraño cuando se encuentra contigo en público.

Si las cosas son geniales cuando están solos pero de repente te da la espalda cuando se encuentra contigo en el centro comercial o afuera de un restaurante, entonces significa que algo pasa. Ya sea que su comportamiento se deba a que sale con otra chica y no quiere ser visto contigo o a que no quiere que sus amigos o alguien más piensen que está saliendo contigo. De cualquier forma, éste debe ser un motivo de preocupación.

Si realmente le importas, entonces debe emocionarse al verte e incluso demostrarte un poco de afecto. Por supuesto, no tiene que ser tan afectuoso en público como lo es en privado, pero debe comportarse como si en realidad quisiera verte.

Analiza su lenguaje corporal. ¿Hace contacto visual y se dirige a ti? Si es así, entonces esa es una buena señal. Pero si se para lejos de ti, cruza los brazos sobre su pecho y mira continuamente a alrededor en lugar de verte a ti, entonces significa que intenta mantener su distancia.

Observa si es dulce contigo un minuto y distante al otro.

Si por un minuto se comporta de manera completamente amorosa, dulce, amable y con ganas de besarte, pero al siguiente actúa como si apenas te conociera, entonces podría deberse a que está jugando contigo. Quizás está de ánimos para salir contigo en determinados días mientras piensa que tiene mejores cosas que hacer en otros. Ya sea que esto signifique que prefiere salir con otra chica o pasar tiempo con sus amigos, si siempre se comporta de manera ambigua, entonces definitivamente está jugando contigo.

Piensa en esto: ¿a menudo te deja confundida con respecto a lo que realmente siente por ti o en qué punto de la relación se encuentran? Si es así, entonces podría deberse a que está jugando con tus emociones.

II.1.7) Lleva varios meses saliendo solo contigo pero su "perfil" sigue en el sitio de buscar pareja en Internet

Esto le ha sucedido a muchísimas mujeres que conocieron a su Casanova por Internet. Después de salir varias veces y escucharlo decir las más dulces palabras de amor y devoción, cualquier mujer esperaría que su pretendiente se concentre en ella y borre o esconda su perfil en el sitio web en el que se conocieron online. Es lo mínimo que se podría pedir, ¿no?...

Pero si ella no se lo pide o por lo menos se lo pregunta, el hombre con pasta de infiel NO retirará su perfil del sitio de citas por Internet y seguirá chequeando fotos de las mujeres más atractivas allí y hasta continuará contactándolas para ver si alguna le liga. ¡Es decir que no solamente tiene varias cartas bajo la manga sino que tampoco pone todos los huevos en una sola canasta! Es un jugador y por ende depende de ti ser usada o cortar el jueguito a tiempo.

Ahora bien, también es cierto que en ocasiones los usuarios olvidan borrar su perfil después de haber encontrado pareja. Aunque puedes preguntarle a tu pretendiente por qué su perfil sigue en ese sitio de citas, también puedes investigar el sitio web y determinar si realmente ha tenido alguna actividad.

Estos son los pasos a seguir para no acusarlo sin tener pruebas:

Revisa el perfil virtual de tu novio para saber la última vez que se conectó. Si conoces el sitio web exacto, entonces realiza una búsqueda general para encontrar su perfil y ver la última fecha de conexión. Muchos sitios te permiten hacer esto sin la necesidad de crear tu propio perfil (en caso de que tú hayas eliminado el tuyo).

Ingresa su nombre, email, ciudad o rasgos físicos en la búsqueda en los posibles sitios de citas. Selecciona su perfil de la lista y examínalo. Puede que el sitio muestre la fecha de su última actividad o su comunicación con otros miembros.

Crea un perfil sin foto y con otro nombre en el mismo sitio e intenta contactarlo si no puedes ver las fechas. Esto te permitirá saber si tu novio es un usuario regular que frecuentemente visita otros perfiles e interactúa con otros miembros. En la mayoría de los sitios no es necesario que coloques tu foto o información personal.

O elige el nombre de una amiga tuya que él no conozca o con quien haya tenido poca interacción y haz un perfil para ella para contactarlo a él. Si él sabe que es tu amiga, probablemente no responderá a los mensajes que vengan de parte de ella. Encuentra a una amiga local de su área o que tenga gustos similares y crea un perfil para incitarlo a responderle.

Si viven juntos y comparten la misma computadora, investiga cualquier actividad sospechosa en el historial del navegador. Si encuentras en el historial varios sitios de citas cuando él se conectó por última vez, entonces pregúntale por qué visita sitios de citas. Normalmente cuando comienzas a escribir una dirección de internet, tu navegador trata de adivinar y muestra los sitios visitados más frecuentemente. Esta es una manera de traer el tema de los sitios de citas a tu novio.

Pregúntale directamente si él ha estado usando ese sitio y cuando fue la última vez que lo usó. La honestidad es el mejor camino cuando se tratan asuntos de relaciones tan delicados como éste.

II.1.8) **Recibes mensajes sexuales desde su celular que no eran dirigidos a ti y dice que le prestó el teléfono a un amigo y él te los envió a ti de casualidad**

Una joven de 22 años me escribió un email hace poco para contarme la triste historia de su enamorado "picaflor".

Resulta que, supuestamente, el joven en cuestión era cristiano y estaba saliendo solo con ella y tratándola como la mujer de sus sueños y sus oraciones...El nunca le había enviado un mensaje de texto erótico o con algún contenido de tipo sexual, ni siquiera insinuaciones...sin embargo, en 3 oportunidades en el mismo mes, le llegaron a ella mensajes de texto explícitamente sexuales que provenían del celular de su pretendiente y él se negó a reconocer que le pertenecían... ¿Cuál fue su excusa o justificación?... Que el amigo que vivía con él como *room mate*, compartiendo los gastos de alquiler, no tenía celular y que él se lo prestaba cada vez que su amigo lo necesitaba...y que seguramente fue que su compañero quien le envió a ella los mensajes de texto por casualidad... ¿Excusa creíble? ¡Nooooooooo! ¡Para nada...Pero ella prefirió creerle y poco a poco, a lo largo de los meses que duró la relación, ella descubrió que le era infiel de ésa y otras maneras...y con pruebas....Al inicio, como bien dice el refrán, no hay peor ciego que el que no quiere ver...ella se negaba a reconocer la verdad que saltaba a la vista: esos mensajes sexuales eran enviados a otras mujeres desde el celular de su novio, ¡por su mismo novio!

Otra situación que suele ocurrir con frecuencia cuando la mujer que sospecha tiene la oportunidad, es que ella revise los mensajes de texto que su novio o esposo recibe y envía desde su celular. Y hay situaciones en las que se descubren mensajes comprometedores de otras mujeres pero aislados, sin respuesta por parte del implicado.

Ese fue el caso de otra joven de 24 años quien me contó que por olvido, su enamorado dejó su celular en el auto mientras fue al baño de la gasolinera en la que le estaban poniendo gasolina a su carro, y ella cayó ante la tentación de revisar los mensajes de texto de su amado. Cuál sería su sorpresa al descubrir que los primeros provenían de otra chica que le decía cosas dulces en tono romántico.

Cuando él regresó ella se hizo la normal, como que nada había pasado, y me llamó para una consulta rápida, para que yo le dijera cómo proceder. La felicité por no haberle dicho nada porque, de haberlo hecho, él lo hubiera negado, se hubiera molestado por la invasión de su privacidad y hubiera borrado esos y otros mensajes comprometedores de allí en adelante…

Pero inmediatamente después ella me aclaró que en esos mensajes de texto no había ninguno en que su novio le estuviera respondiendo a esa otra joven y que ella tuvo tiempo de tomar nota del nombre y número telefónico para contactar a la susodicha.

¿Qué hacer entonces? Le aconsejé pedirle a una amiga muy cercana que le escriba un mensaje de texto a esa otra chica preguntándole si sabe que su amigo tiene novia y que esa novia eres tú.... Prestar atención a la forma en que reacciona y tomar una decisión con respecto a él a partir de lo que ella responda....

La pregunta lógica de la joven fue: ¿Y no será que él borró sus mensajes de respuesta a los mensajes de esa otra muchacha para no dejar rastros?... A lo que le contesté que, si ésa era su intención, él hubiera borrado TODOS los mensajes, sobre todo los de ella!

Además, hay que considerar que si él tuviera algo con otra, no hubiera dejado el celular en el auto, al alcance de su novia actual. Este solo gesto podría hablar de su inocencia....La felicité nuevamente, por la forma en que procedió ese día...porque encararlo directamente, en tono acusador, hubiera sido un error que tal vez hasta le hubiera costado el término de la relación...

II.1.9) **No te presenta a sus amistades ni familiares**

¿Hace tiempo que estás saliendo con el mismo hombre y aún no te ha presentado ni a sus parientes ni a sus amigos? Si consideras que ya es momento de dar ese paso, antes de que se lo reproches, entérate de algunas posibles razones por las que aún no te los ha presentado que no son la que te imaginas. ¡Alguna de ellas podría ser la tuya!

Se avergüenza de ellos
Quizás tu chico tenga uno o varios amigos de infancia con los que ya no tiene nada en común, cuyas vidas han tomado rumbos distintos a la de él, que poco le interesa que los conozcas. Además, sabe que no soportarías ni cinco minutos en una misma habitación con ellos. La misma variable se puede aplicar a los familiares, especialmente si está peleado con ellos.

Actúa diferente con ellos

Muchos actúan de manera diferente cuando se juntan con sus amigos que cuando están con sus parejas. Tal vez tu enamorado es un completo patán cuando está acompañado por sus amigotes, y teme que no te guste que te enteres de esa faceta suya.

Además, él sabe que si te lleva a conocer a sus amigos terminarán lanzándote sobre ti como un león a su presa. Sólo está tratando de protegerte.

No son amigos cercanos

Algunos muchachos no se rodean de amigos cercanos, sino de compañías casuales o compañías de juerga. No le interesa presentarte a esas personas porque no son importantes en su vida como para que valga la pena.

Viven lejos

Algunos hombres tienen sus amistades desde las épocas de la escuela o la universidad, y las circunstancias de la vida han hecho que, con el tiempo, se mudaran a otras ciudades. Lo mismo puede suceder con sus parientes. Esta puede ser una razón por la que aún no conoces a los amigos y familiares de tu novio, porque rara vez los puede visitar.

Piensa que tú no quieres conocerlos
Existe la posibilidad de que después de todo, él piense que tú no tienes interés en conocer a sus amistades y a su familia. Eso se resuelve nada más que con un poco más de comunicación en la pareja.

La relación no es tan seria
Para muchos hombres que su chica conozca a su entorno de amistades es un gran paso en la relación. Así que una de las razones por la que aún no te ha presentado a sus amigos y familiares es porque todavía no considera que la relación sea tan seria.

Pero todas estas excusas no hablan de un hombre inocente que no esconde nada grave. Por el contrario, el caso que paso a describir a continuación se refiere a la causa que ninguna mujer quisiera descubrir: No te presenta a sus familiares y amigos porque ¡tú eres la otra!....

Habían pasado 8 meses de una relación aparentemente buena y comprometida, cuando María Helena le preguntó a Francisco, por vez primera, por qué no le había presentado a nadie de su familia, ni siquiera a sus amigos. El le dio una excusa fácil: porque no estaba seguro de que a ella le fueran a simpatizar...La joven le respondió que no le importaba que no fueran muy simpáticos, que le gustaría conocerlos....Pasaron 3 meses más y nada, él no se los presentaba todavía...Volvió a preguntar y la respuesta fue: Están muy ocupados como para reunirse con nosotros...Ella sospechó más aún y decidió consultarme. Le recomendé que entrara a su Facebook, buscara el Facebook de alguno de sus parientes cercanos y le escribiera un mensaje directo presentándose. El resultado fue terrible para ella pero le permitió cortar la relación de una vez por todas: La madre de Francisco le comentó sorprendida que su hijo no le había hablando nunca de ella y que a quien conocía, porque la llevaba a casa de vez en cuando, era a Clara, su novia de los últimos 4 años que vivía en otro ciudad por razones de estudios y trabajo... Cuando el río suena, ¡es porque piedras trae!

II.1.10) **No te invita a conocer el lugar en el que vive**

Habían pasado 6 meses y medio de una relación amorosa muy normal y bella, cuando Roxana(46) tuvo la oportunidad de visitar el apartamento de su enamorado Luis(49). El se había negado muchas veces antes y esto había despertado en ella sospechas de que tuviera otra mujer, de que estuviera casado y no divorciado o de que estuviera ocultando algo grave.

Dos meses antes él había salido de vacaciones, porque era profesor de colegio y el verano lo obligaba a disponer de mucho tiempo libre, y ella le había anunciado que le daba esos 60 días para que pusiera el departamento presentable porque lo iba a visitar de todas maneras. Durante todo ese tiempo, ella lo había monitoreado de tanto en tanto para recordárselo y él le decía que estaba trabajando en sus "proyectos" en la casa....lo que suponía que se estaba dedicando a ponerla visitable porque él ya le había dicho a ella que vivía en total desorden, que no le interesaba arreglar nada pero que lo haría solamente porque ella se lo pedía....

Y cuando el ansiado día llegó, Roxana no descubrió a otra mujer ni rastros de amante alguna....sino que descubrió que su amado padecía del Síndrome del Acumulador Compulsivo... ¡su casa lucía como un depósito! ¡Y eso que él se había dedicado 2 meses a arreglarla!...Cajas, ropa y toda clase de objetos repletaban todos las paredes desde el piso hasta el techo y sólo había un estrecho camino para llegar de la puerta de entrada al baño y a la cocina....lo demás era un caos total. La oscuridad tornaba el aspecto de tan desordenados ambientes peor aún...Cuando ella le respondió por qué no habría las persianas para por lo menos dejar entrar la luz del sol, su respuesta fue: Porque no tengo aire acondicionado y eso calentaría mucho más toda la casa....Ella salió espantada y tuvo que terminar la relación...lo que nos indica que hay otras posibles causas por las que tu hombre puede no querer llevarte a conocer su casa...pero el Síndrome del Acumulador Compulsivo no es, por cierto, una de las más frecuentes.

Veamos ahora el caso de María Teresa quien me escribió lo siguiente: "¿Por qué mi novio no me lleva a su casa?, sin embargo, él se queda en la mía ya que vivo sola. Llevamos diez meses como pareja y ni siquiera sé dónde vive, ni conozco sus padres. A veces es grosero y patán. No logro entenderlo, yo soy una buena muchacha, independiente, bonita, inteligente, sin hijos, tengo 25 años y él 27".

Le respondí con el estilo claro y directo que me caracteriza: "Sinvergüenzas vienen en todas las formas y tamaños, a veces, se disfrazan como "novios", como en tu caso. No sé qué haces con una persona con esas características, lo más probable es que tú vayas a engrosar en algún tiempo más la larga lista de mujeres maltratadas que abundan en nuestras tierras. Si él no te ha querido presentar a sus padres, ni te ha llevado a su casa, eso es suficiente mensaje y con la edad que tienes ya deberías haber entendido, "a buen entendedor pocas palabras", pero en tu caso, necesitas una avalancha de palabras para que entiendas que simplemente estás jugando con fuego y lo más probable es que termines chamuscada como palo de chimenea."

Una de las características básicas de una pareja sana es la honestidad y la forma transparente en cómo se tratan. Él supuesto novio que tienes es simplemente un simulador, alguien que le resulta cómodo estar contigo pero a quien no le da pena alguna revelarse como un "patán", como tú lo describes. Una relación de pareja donde se da y no se recibe termina siendo muy desgastante, y a la larga, dañina. No puedes seguir así, necesitas terminar con él antes de que te involucres más y termines viviendo una pesadilla.

En ocasiones, algunas personas, especialmente mujeres, embobadas por telenovelas y romanticismos absurdos, creen que con su amor lograrán cambiar a patanes, violentos y sinvergüenzas. La verdad es que los que cambian son tan escasos como pingüinos en el Ecuador. Si él no tiene intenciones de reconocer lo que él es y el daño que te provoca, entonces, es hora de cortar esta relación, aprender qué hiciste mal, y continuar.

Tienes 23 años y una vida por delante. Puedes encontrar a alguien que te ame incondicionalmente y con honestidad. La Biblia dice que una de las características del amor es que "todo lo cree", no conozco a tu novio, pero no le creo... fíjate... 10 meses y no haberte llevado donde sus padres ni decirte ni siquiera dónde vive es porque lo que esconde lo avergüenza o sabe bien que tú saldrás corriendo. Lo más probable es que nadie sepa que eres su novia, ni sus padres siquiera...

No esperes a estar casada para darte cuenta del individuo con quien estás unida. Dicen por allí que "el amor es ciego, pero el matrimonio es milagroso, porque a todos les devuelve la vista". Toda duda debe disiparse antes Corta, sana de esta relación y busca a alguien que realmente te ame. No vale la pena estar al lado de alguien que no te respeta ni entiende que el amor es reciprocidad."

II.1.11) **Parece estar interesado solamente en el sexo**

El caso de Mariella (22) –cuyo novio la buscaba varias veces por semana solamente para tener sexo- es representativo de muchas jovencitas de veintitantos años que no se dan cuenta cuando están siendo "usadas" y a ellas me dirijo.

Si el muchacho que te pretende parece querer verte solo para llevarte a la cama, comienza a sospechar porque esto es indicio de no estar enamorado y de ser un posible Don Juan.... Durante el día está desaparecido, pues siempre tiene un montón de cosas que hacer. Sin embargo, mágicamente, a la noche comienzan a caer sus llamadas y mensajes para invitarte a dormir con él a su casa. Podríamos decir que sí, está interesado, pero solo en tener sexo contigo. Y así como tiene este superficial interés en ti puede tenerlo en otras mujeres al mismo tiempo.

Fíjate si solo te contacta entre semana. Si solo se pone en contacto contigo por la noche entre lunes y jueves, pero casi nunca sabes de él los fines de semana, es porque está reservándolos para su chica No. 1, o para las mujeres que piensa que sí valen la pena para tener una cita. Si no sabes nada de él los viernes o sábados por la noche, pero te contacta el martes cuando su horario está abierto, entonces es porque sólo le interesas para la cama.

Observa si solo te contacta de manera esporádica. Si solo sabes de él una o dos veces por semana, y no es para concretar una cita, sino para que vayas a su casa *de inmediato*, entonces puede quererte solo por el sexo. Si no puedes contactarlo por cinco días, cuando tú quieres, para preguntarle cómo ha estado, pero de repente tu teléfono va a explotar por sus llamadas a la medianoche de un miércoles, entonces es porque debe estar listo para un poco de amor nocturno.

Fíjate si no te contesta a menos que le insinúes que quieres estar con él. Si le mandas un mensaje de texto para decirle "¿Cómo va tu día?", o "¿Cómo estuvo tu gran examen?" y no escuchas nada más que los grillos en el bosque detrás de tu casa, entonces es porque no quiere hablar de banalidades. Pero si le escribes "Quiero verte" una

91

noche, y ya puedes escuchar su pie en el acelerador, entonces tienes un problema.

Fíjate si siempre está "muy ocupado". Está bien tener un calendario muy lleno, pero si eso significa que tu chico no puede sacar tiempo para una cena y una película pero siempre tiene tiempo para ponerse al día en la cama, entonces no está ocupado: solo quiere "ocuparse" contigo. Si sabes que tiene tiempo para salir con sus amigos, ir a eventos deportivos, y pasar horas viendo televisión con su hermano, pero está muy ocupado para tomarse un café contigo un domingo por la tarde, entonces es que simplemente no quiere sacar de su tiempo para ti porque no le interesas de verdad.

Fíjate si nunca te invita a ninguna parte. Si solo te llama para "pasar el rato" en tu casa, o para "ponerse al día" en el sofá de su apartamento desordenado, entonces realmente no quiere nada en lo que no esté involucrado tu cuerpo. Seguro, el trago ocasional o una linda cena puede ser su manera de "hacer las paces contigo", pero si sientes que casi *nunca* ven el mundo exterior juntos, entonces no quiere que hagas parte de su vida en el día a día por alguna razón...y lo más probable es que tenga otra u otras mujeres.

No hay excusas con las que auto engañarse que valgan. Si no te llama, es que no quiere nada. Si no da señales, es que no quiere nada. Si no te busca, es que no quiere nada. Da igual por los motivos que sea, no intentes justificarlo: Estará mal, la criaturita; estará tocado por su última relación, estará estresado por el trabajo, estará en un mal momento vital... pero si no te demuestra interés, es que no le interesas. Punto. Así que no te rebajes, no le vas a convencer más por ponerte a sus pies. Podrías aparecerte desnuda en la puerta de su casa y solo le darías pena. Él te usa solo como objeto sexual cuando te necesita, cuando siente el llamado biológico...pero tú vales más que mucho eso, no es así?...Y la verdad sea dicha: de la misma manera que juega contigo, utilizándote, así también lo hace con otras incautas. Quién puede enamorarse de un hombre así?

II.2) ESTANDO EN LA RELACION

II.2.1) Claves para saber si tu pareja te miente

En una relación de pareja, un elemento indispensable para que funcione es la sinceridad. Cuando hay mentiras, los motivos pueden ser miedo a perder a la otra persona o el miedo a lastimarla, pero ni siquiera el temor justifica la mentira.

Cuando se vuelve constante, aparecen algunos signos que te permitirán saber si tu pareja te miente. El mentiroso vive en permanente angustia de ser descubierto, y esto hace más notable aún estos signos:

Presta atención a la boca de tu pareja para saber si miente. Si humedece los labios o los muerde reiteradamente, o traga saliva con esfuerzo, puede indicar nervios por estar faltando a la verdad.

Si tu pareja desvía la mirada, no te mira a los ojos y mira hacia abajo, es señal de que está inventando.

Sostenle la mirada de vez en cuando para ver cómo reacciona.

Tu pareja puede estar mintiendo si gesticula nerviosamente con las manos, o se toca el pelo continuamente mientras te habla.

Observa sus sienes y manos, si notas sudor en ellas es signo de que está en una situación incómoda. Tócale las manos para ver si le transpiran las palmas.

La selección de palabras en una conversación puede ayudarte a descubrir si tu pareja te miente u oculta algo. Si él empieza una frase sospechosa como "honestamente", "la verdad es que", o "justamente estaba pensando en eso", duda. Probablemente, está exagerando para tratar de convencerte de su integridad.

Generalmente, para tener tiempo de inventar y cuidar de no contradecirse, suele responder una pregunta con otra pregunta.

Busca detectar incoherencias en su relato. Si tu pareja te miente encontrarás que la misma historia es diferente de un día a otro, incongruencias en los tiempos de los hechos, errores al recordar detalles, o mezclar las cosas.

Sabrás que tu pareja te miente si se frota las manos, cambia constantemente de posición, bromea o busca otro tema de conversación nerviosamente.

Otra faceta de la mentira es el ocultamiento de información.

Es una señal de alerta si no te cuenta casi nada de lo que te pasa en el trabajo.

Si no sabes los nombres de su secretaria y compañeras de trabajo, si en realidad ni siquiera sabes si tiene secretarias o con cuántas mujeres trabaja...si todo lo relacionado con su trabajo parece ser un permanente secreto y cuando le preguntas dice algo como esto: "No me gusta hablar de mi trabajo"... y cambia de tema o se queda callado... Si tampoco quiere darte la dirección, ni siquiera decirte el nombre de la compañía porque teme que lo visites allí. ¿No te resulta todo esto extraño? ¿Podría ser que tiene un *affair* con una mujer allí y que prefiere mantener ese mundo totalmente cerrado para ti?...Es hora de hablar con él directamente, con calma y suavidad para no alterarlo y preguntarle qué sucede en su trabajo que te mantiene tan pero tan alejado de él...En una relación sana una persona le cuenta a la otra sobre los diferentes momentos de su día, incluidos aquellos referidos al trabajo, para que la otra persona se sienta parte de su vida y no excluida de la misma.

II.2.2) **Esconde el celular y no te lo quiere mostrar si se lo pides**

Natalia vino a verme ansiosa una tarde de lluvia en Miami y me contó su historia: "Llevaba 6 meses de relación con un hombre cristiano con excelentes posibilidades de convertirse en mi marido, una relación aparentemente honesta, intensa y centrada en el Señor...pero esa noche de domingo, después de una civilizada discusión sobre la infidelidad en las redes sociales, mi novio cometió el grave error de no querer mostrarme su celular.

Cuando nos conocimos, él tenía un celular muy simple -sin conexión a Internet- pero desde hace algo más de un mes lo cambió por uno más moderno, y desde entonces no lo pone en el lugar del auto donde lo colocaba antes, ni lo deja encima de la mesa cuando cenamos, ni lo usa para nada delante de mí. Me estaba dando la impresión de que lo escondía. Al principio creí que era porque no lo usaba (pensando lo mejor) pero hace unos días me contó que había bajado una APP de ESPN para seguir los deportes y en otro momento me enseñó cómo usar el "crop" de la cámara fotográfica de mi celular porque el suyo es idéntico al mío. Y esto me indica que sí lo usa. Lo curioso es que él nunca ha tomado una foto mía con su celular ni de ningún paisaje a pesar de que ha tenido muchas oportunidades para hacerlo cuando salimos a pasear los fines de semana.

La misma noche de nuestra pelea le mostré un mensaje de texto que me acababa de enviar un amigo de mis tiempos de búsqueda de pareja por Internet, quien me contactó para saber si estaba "disponible"y a quien respondí que no....Y ya había hecho lo mismo con mensajes de mi EX en anteriores oportunidades... le mostraba los mensajes y los borraba delante de él...mi celular era un libro abierto...por lo que no me pareció mal indagar en el suyo...Y cuál sería mi sorprensa cuando se negó rotundamente...Le pregunté por qué y su respuesta me confundió más aún: porque luego me vas a preguntar "qué es esto" y "qué es aquello"... Su respuesta y su reacción defensiva podrían tener dos posibles explicaciones: o me esconde algo o su ego es muy grande.

Si es que fuera inocente... ¿hasta dónde puede llegar el orgullo masculino y su deseo de preservar su derecho a la privacidad?... ¿hasta llegar a perder a la mujer que dice amar?...Y si es que me esconde algo -como una doble vida o consumo de pornografía-....la duda me mataría y no podría confiar en él de allí en adelante...Otras confusiones previas habían servido de banderas amarillas, de señales de alerta.... Esa fue la gota que rebalsó el vaso de mi paciencia y decidí terminar con esa relación esa misma noche...."

Natalia había venido para que la ayudara a superar el dolor de la pérdida pero su caso me sirve para dar una recomendación preventiva a quien pudiera encontrarse en un caso similar y que no ha actuado todavía: **Observa si se ve sospechoso cuando habla por teléfono.**

Una señal reveladora que indica que tu novio está jugando contigo es que es muy reservado cuando contesta su teléfono. Si siempre revisa su teléfono y envía mensajes de texto lejos de ti, apartándose para contestar las llamadas sin decirte quién llamó o se pasa horas sin contestar sin ninguna explicación, entonces podría deberse a que está jugando contigo. Por supuesto, algunos hombres son muy protectores con su privacidad y eso es perfectamente normal, pero si siempre está al teléfono y nunca sabes lo que hace, entonces podría ser una señal de alerta de que está jugando contigo.

Piensa en esto: ¿alguna vez dejó su teléfono a un lado, incluso por un segundo, o siempre lo tiene metido en su bolsillo? Si bien tu intención no es husmear, si puedes notar que se asusta con la sola idea de que veas quién llama o le envía mensajes de texto, es posible que tengas un problema.

Otra cosa que puedes observar es si apaga completamente su teléfono cuando sale contigo. Aunque este pueda ser un gesto dulce para darte su completa atención, también podría ser su forma de mantener a raya a otras chicas que podrían llamarlo mientras están juntos.

II.2.3) **Se encierra en el baño con el celular**

"Antes era común que olvidara el celular en todos lados. Hoy no lo deja ni para ir al baño", me contó Adriana en consulta privada. "Pero en realidad nunca le he encontrado nada comprometedor en su celular cuando se lo he revisado y mi invasión de su privacidad nos ha ocasionado muchos mal entendidos", añadió.

Esta es una de las conductas que más llaman la atención cuando estamos sospechando una infidelidad. Pero no siempre esa conducta es sinónimo de traición.

Hay varios aspectos que tomar en cuenta y el primero es si ella ha contribuido también con factores detonantes de esos cambios de comportamiento. Si ha tenido inseguridades en el pasado, ha revisado su celular de arriba para abajo, o incluso ha habido problemas debido a malos entendidos cuando él se enteró que se lo había revisado, entonces es probable que la persona cuide sus pertenencias debido a esta invasión de la privacidad. Nótese que con frecuencia se producen malos entendidos basados en que realmente ella nunca ha encontrado nada o las explicaciones realmente han sido lógicas y creíbles.

También podemos estar viendo esto en una pareja que siempre ha sido así. La forma como hemos sido criados nos puede hacer ver cosas como normales pero para otros es lo opuesto. Como el gusto por una comida que a mí me parece repugnante pero en casa de mi pareja es el platillo más delicioso del mundo. Así pasa también con el hasta donde la privacidad es algo aceptable por mi pareja o no. Si desde pequeño me han enseñado que nadie tiene por que ver o investigar en mis cosas, es obvio que de grande espero ese respeto de mi pareja. Y si desde pequeño a mí me enseñaron que en la familia no hay secretos entonces será para mi normal revisar las cosas de mi pareja pues así se me enseñó como algo normal. No hay una posición correcta o incorrecta, solo una forma diferente de ver las cosas.

Pero si fuera de esto tu pareja comienza a tener cambios de comportamiento, donde antes era de una forma y sin realmente una razón aparente hay cambios de humor o nerviosismo al estar en contacto con sus dispositivos móviles como celulares, tabletas, etc... entonces algo está causando esta repentina desconfianza.

Pero ¿qué se hace en estos casos?
Mi consejo siempre es la comunicación directa. Pregunta qué está pasando, busca ver qué hay detrás de esto. Dependiendo de la respuesta y cómo te sientas con ella ya dependerá tu proceder.

Ten en cuenta que una negativa muy contundente o una negación pero continuar con el mismo patrón pudiera indicar que hay algo más de lo que se debe de hablar.

Ahora bien, hay casos más exagerados donde la cosa se vuelve más preocupante. Para empezar, estar no solo en familia, sino con amigos o compañeros de la oficina y sacar el celular sin una justificación realmente importante y a cualquier hora, puede llegar a ser una muestra de poco respeto y mala educación. Pero definitivamente todo sería mejor si él tuviera una actitud más normal y no como si estuviera ocultando algo, pues no es necesario ir al baño para leer un correo, ni ponerlo en silencio para contestar un mensaje....todo tiene su límite.

Otro caso un poquito subido de tono nos pone sobre el tapete otra situación difícil de sobrellevar: su maridito se encerraba en el baño con su celular para masturbarse viendo porno. Y ése sí que es un problema mayor. Veamos lo que la dama me contó por email:

"Dra. Amor, tengo 27 años y mi esposo, 30. La bronca es que desde que me embaracé él casi no me toca. A veces inicia un encuentro, aunque la mayoría de las veces soy yo, pero me rechaza. Hace días tuvimos relaciones después de no tenerlas en casi un mes, y luego de esto lo caché masturbándose en el baño viendo su celular. Aquí la cuestión es que me bajó mi autoestima cañón, ya que ahora sé el porqué de tanto tiempo en el baño y no querer estar conmigo. De verdad que trato de complacerlo, incluso le hago sexo oral a pesar de que me da asco, y si le pido que también me lo haga, me dice que no o sólo lo hace unos segundos. Con mi esposo nunca hay juegos, besos o caricias, y sólo una vez hemos quedado completamente desnudos. Siento que soy fea y gorda, aunque él me dice que no. Ayúdeme, por favor."

Mi respuesta a la señora del caso fue tan directa como su email:

"Tal parece que la primera variable es tu embarazo. Para la mayoría de los hombres el aspecto visual en el campo de la sexualidad es sumamente importante... No me dices si durante tu embarazo subiste más de 20 libras, tampoco si ya las has bajado... Muchas mujeres, con el pretexto del embarazo, llegan a subir hasta 40 libras y obviamente todo esto altera sus formas, modifica su cuerpo, y hace que muchos hombres pierdan el interés sexual por ellas. Si subiste muchas, y no las has bajado, te sugeriría que hicieras dieta y ejercicio, porque, repito, para los hombres el embarazo sí suele generar estragos en el deseo hacia sus parejas.

Por otro lado, tampoco nos dices cómo es tu relación actual con tu bebé, pues muchas mujeres centran su atención en el hijo y descuidan a su esposo, restándole tiempo significativo, y ellos llegan a sentir incluso celos del pequeño, y cuando la mujer quiere acercarse, él se desquita ignorándola sexualmente, prefiriendo masturbarse en el baño que estar con su esposa.... cualquiera de estas dos variables sería un elemento de peso a considerar que pudiera haber bloqueado la atracción sexual de tu pareja hacia ti. Atiende estas dos variables y si después de hablar con él no hay soluciones, entonces tendrás que confrontarlo y llamar a las cosas por su nombre."

II.2.4) **Le dedica mucho tiempo a la computadora, inclusive en la madrugada**

Esta es la señal más clara y evidente de infidelidad cibernética.

Observa su conducta cuando usa su computadora. Si nunca le interesó demasiado la computadora, pero ahora pasa todo su tiempo libre en línea, podría ser a causa de otra mujer. Si de pronto comienza a quedarse hasta tarde en la computadora, aun cuando tú ya te has acostado, o si cierra abruptamente la computadora cuando entras en la habitación, eso es una mala señal. Si lo ves en la computadora y su rostro se ilumina repentinamente, como si hablara con alguien que le gusta, entonces eso podría significar que te engaña. Si no usa la computadora cuando tú estás en la habitación, tal vez no quiere que veas lo que está en la pantalla.

Hoy se han ido los días cuando el infiel o la infiel tenían que dar excusas para salir de casa para encontrarse o mantener relaciones extramaritales. Ahora todo se puede hacer en el ciberespacio, con unos pocos clics del *mouse*, un romance cibernético puede iniciarse fácilmente, desde la privacidad del hogar, con su cónyuge confiado en la misma habitación, ajeno a lo que está sucediendo.

Otros signos reveladores de infidelidad cibernética incluyen estar conectado a su equipo a horas extrañas, en la madrugada o a primera hora de la mañana, insistencia sobre la privacidad al navegar por la red, moviendo su computadora de lugar cuando no la utiliza, bloqueando el equipo, cambiando constantemente las contraseñas.

Si tu pareja niega tener una relación por internet, pídele que se conecte a su equipo, entre a su Facebook u otras redes sociales estando tu sentada junto a él para que tú puedas leer las conversaciones que sostiene en dicho medio.
Si tu pareja no está dispuesto a compartirlo, entonces tendrás tu respuesta sobre si es o no su

amistad en línea tan inofensiva como quiere hacértelo creer.

Revisa su computadora. Si realmente quieres saber si te está siendo infiel, revisa su correo electrónico o mensajes del Facebook. Podrías esperar a que él se aleje de la computadora cuando tenga abierto su correo. Si además ha empezado a borrar meticulosamente sus correos, también podría ser un aviso de que te está escondiendo algo.

Pregúntale si te está siendo infiel online. Una vez que hayas visto señales suficientes de su infidelidad, habrá llegado el momento de confrontarlo al respecto. Aunque la conversación será dolorosa, es mejor no demorarla si realmente quieres saber la verdad. Estas son algunas maneras de preguntarle a tu marido si te está engañando:

Pregúntale cuando no se lo espere. Siempre y cuando estén en un lugar privado, podrán tener la conversación. No le digas que quieres tener una conversación seria, o él podría saber exactamente lo que piensas decirle, y estará preparado para justificarse desde el principio.

Dile que quieres saber la verdad. Recuérdale que no te hace ningún favor siendo deshonesto. Demuéstrale que realmente te está hiriendo. Muéstrale lo mal que te hace sentir la sola idea de su infidelidad.

Si duele, se vive como una traición, se niega, si la pareja se derrumba, entonces es infidelidad tradicional, cibernética, o como deseen llamarla. Aunque la tecnología avance y el mundo esté globalizado, las parejas siguen rigiéndose por un código antiguo y no por menos vigente que es la fidelidad, monogamia y compromiso íntimo emocional con la pareja elegida. Dicho código de intimidad une a la pareja, la hace única y da sentido a preferir estar en pareja que solo. Sin importar si es curiosidad, casualidad, inocencia, la infidelidad causa dolor y rompimientos en la pareja.

Establece reglas sobre el uso de la tecnología:
• Define el tiempo invertido

• Tecnología permitida y no permitida

• Redes sociales: quienes se incluyen /excluyen

• Dejar el pasado no resuelto en paz, evitar búsqueda de romances pasado.

• Definir concepto de "amistad" en línea y fuera de ella.

II.2.5) **Te hace el amor mecánicamente y te sientes usada sexualmente**

Narda (31) casada por 4 años con Gilberto (30) vino a verme con una carga de ansiedad muy alta sobre sus hombros.

"Me siento pésima, Dra. Anor....mi marido tiene sexo conmigo como lo haría con una muñeca inflable...me toma toscamente, me cambia de posiciones sin preguntarme nada, me mueve de un lado para otro para satisfacerse con las posiciones que a él le gustan y termina pronto, sin interesarse porque yo tenga un orgasmo... Me siento usada como si fuera un objeto...Me pregunto si no será que tiene otra a la que ama y conmigo "completa" en frecuencia porque no puede ver a la amante seguido…"

Entre las ideas que compartí con Narda esa tarde fue la realidad vivida por millones de mujeres en el mundo entero de compartir su mismo sentimiento: percibirse como objetos sexuales, inclusive estando casadas. Le expliqué que esto sucede cuando la mujer es usada para la descarga sexual masculina y él no se preocupa ni interesa por sus necesidades sexuales o afectivas. La mujer siente que el hombre ha sido egoísta o que no se conecta con sus tiempos y necesidades, ni antes, ni durante ni después de que él llega al clímax.

Asimismo, en algunas ocasiones las mujeres se sienten como un objeto sexual cuando, esperando un comentario amable o cariñoso de parte de su pareja, y buscando una reafirmación de su amor le preguntan: ¿Me quieres? y su pareja contesta "no preguntes boberías" o algo por el estilo.
Narda me contó que desde que esto empezó a suceder en su matrimonio, se ha estado sintiendo "poca cosa", a lo que le respondí:

"El problema con todo esto, es que los sentimientos van más allá y no sólo te sientes usada como objeto sexual, sino que terminas sintiéndote mal contigo misma y empleando juicios de valor como "soy tan poca cosa", "no sirvo para las relaciones" o cualquier otro parecido, con lo cual puede golpearse aún más autoestima. La disfunción sexual pasa a convertirse en una situación triste y amarga que puede fácilmente llevarte a la depresión."

La acongojada dama me preguntó por qué podría estar sucediendo algo así. En busca de posibles causas le expliqué 2 escenarios: 1) La posible validez de su idea original. Gregorio tiene otra mujer y que la usa a ella para "completar" lo que la otra no puede darle por razones de tiempo y de distancia, o 2) Que se masturba viendo pornografía y que eso lo conduce a adoptar esa postura egoísta de tener sexo con ella rápida y mecánicamente de tanto en tanto...cuando le provoca hacerlo con alguien "real"...

Al cabo de un mes, cuando Narda regresó a una segunda consulta, me confirmó que mi segunda hipótesis era la correcta.

II.2.6) **Ya no te hace el amor porque se masturba viendo pornografía**

Y así como Narda, son decenas las damas de diferentes edades y nacionalidades que han venido a verme para contarme la misma tragedia. Y entre ellas muchas mujeres jóvenes, esbeltas, bellas y hasta sexys.

La sexualidad sana debe estar integrada en una relación de donación y amor. Por qué reducir la sexualidad a mero placer físico? La sexualidad además de placer físico es una expresión sublime de entrega personal y les aseguro que vivida así da más placer. Pero si un hombre busca el placer por el placer físico solamente, entonces acaba masturbándose mirando pornografía para buscar lo que no encuentra en su propia mujer, porque falta lo más importante, el sentido de esa relación.

La pornografía se convierte en problema mayúsculo cuando suplanta las relaciones de pareja. Es decir, cuando una de las dos personas prefiere consumir pornografía antes que tener relaciones sexuales con su pareja. Y en este caso específico, el consumo de pornografía es infidelidad. Las causas que llevan a consumirla son muchas y muy diversas. En ocasiones se trata de una curiosidad pasajera que con el tiempo pasa pero a veces se llega a convertir en adicción.

Desgraciadamente, la pornografía se interpone entre muchas parejas que se sienten heridas cuando saben que la otra persona se masturba haciendo uso de ella. Uno de los problemas más comunes es que incita a las personas a imitar a los actores haciéndoles creer que el sexo es solo eso. Por otra parte, ninguna mujer normal va a lucir tan sexual y provocativa como la actriz porno, a la que la ayudan a lucir aún mejor mucho maquillaje y efectos especiales. Cuando el hombre compara lo que tiene en casa con lo que ve en la computadora o el celular…es lógico suponer que su propia mujer parece "poca cosa" y demasiado conocida como para despertar la fiera que lleva dentro (alimentada por la pornografía en un terrible círculo vicioso).

Es cierto que cuando la pornografía se convierte en una obsesión daña todas las esferas de la vida del adicto. Este es un tema que se debería hablar abiertamente pero sobre todo, preguntarnos cómo nosotros mismos hemos contribuido a esta situación. Cuando hay una dificultad en la relación de pareja la responsabilidad nunca es de uno solo sino de ambas partes, por ende, lo mejor es hablarlo y solucionarlo entre los dos. Lo más importante cuando se conversa con la pareja es no crear sentimientos de culpa. Es decir, tocar los temas con el ánimo de resolver los problemas y no de buscar culpables. Lo aconsejable es hablar maduramente y preguntarle al otro cuál es la solución que propone.

En fin, se trata de no culpabilizar sino de entender. Escucha no solo lo que dice sino cómo lo dice e intenten llegar a un acuerdo satisfactorio para ambos. Cada uno debe expresar cómo se siente y qué medidas se deben tomar. Si él reconoce que consume más pornografía de lo que debería, el primer paso es consultar a un psicólogo especialista en adicciones que le dará las herramientas necesarias para combatir este problema. En ese caso lo mejor es acudir a un psicólogo porque estamos a las puertas de una adicción. Ten en cuenta que si ve pornografía a menudo y sus relaciones sexuales son escasas, quizás sería el momento de acudir a terapia de pareja.

Finalmente, hay que reconocer que el peligro no es la herramienta, que en este caso sería Internet. El peligro somos nosotros mismos. En la historia ofrecida, el problema no era el computador sino el hombre infiel que teniéndolo todo no le bastó, el hombre que lo quiso todo, a su mujer y a sus amantes virtuales.

II.2.7) **Tiene a las Exes (y otras muchas "deseables") en sus redes sociales**

Angélica me consultó por teléfono qué hacer con su novio. No consumía pornografía pero tenía algunos desliwces que no le agradaban, como mantener comunicación con sus Exes y otras mujeres atractivas en sus redes sociales, las que le colocaban "likes" a todos sus "posts" y hasta le hacían comentarios coquetos, a manera de flirteo, que a ella no te gustaban para nada. "Porque una cosa es que una chica haga "like" sobre uno de sus "posts" de tanto en tanto y otra muy distinta que se los ponga a todos y cada uno todos los días.... ¡La exageración fomenta la sospecha!", me dijo Angélica fastidiada.

En primer lugar, una relación debe basarse en la confianza, si no hay confianza hay que trabajar en ello para ver por qué, y para ver si las razones o motivos son importantes como para tener esa falta de confianza.

Le pregunté a la joven qué excusas le había dado su novio, a lo que respondió: "No terminé mal con ella, hay buen rollo, no veo el problema en seguir hablando, somos amigos, no nos vemos, tenemos amigos en común, es una buena chica, estuvimos mucho tiempo y acabamos bien..." etc., etc., etc.

Intenté darle una respuesta directa y clara: "Puede ser que no sean excusas si no que sea realidad. El verdadero problema quizás podría ser que se viera habitualmente con alguna o varias de ellas, que te dejara de lado por ellas, que hablara de ellas todo el día, que los hubiesen visto públicamente en plan cariñoso, etc... Pero si bien es normal que te sientas molesta por esa situación, intenta valorar si al margen de esto, existen otras razones para dudar del amor de tu pareja y para terminar con la relación; y al mismo tiempo, atiende las señales o pruebas objetivas que sí te confirman que tu novio te quiere.

Pudiera ser que tu imaginación te estuviera traicionando.

Entiendo que te duela que tu pareja guarde recuerdos de sus exes pero son sólo eso, recuerdos. No podemos pretender que la persona con la que estamos borre todas sus experiencias anteriores simplemente porque hemos iniciado una nueva relación. Lo importante es que reflexiones sobre si esta relación y esta persona es lo que tú quieres en tu vida. Si es así lo que haya vivido antes no tiene importancia."

De todos modos, le recomendé a Angélica que le abriera su corazón a su novio y le confiara sus temores. Que le dijera que en la vida no se puede tener todo lo que uno desea a la vez. Hay pautas a seguir para mantener una relación, existe la fidelidad, existe el compromiso, y si esas dos cosas no están presentes, con Internet o no, con las exes o con otras nuevas, nos serán infieles por igual.

II.2.8) **Te parece una falta de respeto la forma en que mira a otras mujeres en tu presencia**

Y no eres la única! Es cierto que es muy difícil encontrar un hombre que no mire a otras mujeres, aún estando con la suya al lado. Pero la discreción suele ser la norma, por lo menos cuando el hombre dice estar enamorado. Pero qué sucede cuando mientras cenan en un restaurant de moda, tu hombre se la pasa mirando para todos lados menos directamente a tus ojos? La incomodidad en ti suele manifestarse rápida y evidentemente. Tu rostro no lo puede ocultar. Y en algunos casos los acontecimientos se complican de manera tal que el desenlace no es nada grato para nadie.

Ese fue el caso de Marlene una noche en la que salió a cenar con su novio Alberto a un restaurant lleno de mujeres guapas. Ellos se sentaron en una mesa que miraba al grupo musical que en esa oportunidad deleitaba a los comensales. Alberto se había sentado a la derecha de Marlene. A la derecha de Alberto, una joven con un vestido ceñido de busto prominente y más prominente derriere conversaba con una dama que podía ser su madre. No era posible para Alberto mirar directamente a la joven, a no ser de reojo. Pero en un momento de la velada en que él creyó que Marlene se había descuidado porque miraba concentradamente a la banda, él simuló que se le caía la servilleta a su lado derecho y tenía que inclinarse y mirar a ese lado para recogerla....Marlene se dio cuenta de a dónde se posaban sus ojos en ese momento y, sin dudarlo dos veces, se levantó y se fue directo a su auto, dejando al novio (quien había venido en el suyo), solito y abandonado con sus ojos saltones...

Qué es lo que hace que un hombre aparentemente fiel pueda faltarle el respeto con su mirada a su esposa? El acostumbramiento, el entrenamiento a mirar a mujeres atractivas que los medios de comunicación, las revistas y el Internet promueven y al que la mayor parte de hombres se somete porque ¡no tienen ni siquiera una leve sospecha de cuánto molesta o hiere esto a sus esposas!

Es cierto que en el centro del corazón de la mujer que ama al hombre de su vida está la palabra FIDELIDAD. Cuando una mujer sabe que su marido le es fiel y no sólo lo es sino que también lo aparenta, se convierte en una mujer segura que confía en él y no será ni celosa ni posesiva.

No creo que el hombre sea un animal infiel por naturaleza. Si se trata de compararnos con el reino animal, la expresión de la poligamia en los animales incluye tanto a machos como a hembras. El macho está diseñado para inseminar muchas hembras y es frecuente que en algunas especies ellas copulen con todos los machos de la manada en sus 15 días fértiles. La monogamia y el valor de la fidelidad son expresiones culturales, una de las expresiones que marcan la diferencia entre los animales y los hombres.

Todos sabemos que los hombres son VOYEURS, esto quiere decir que son estimulados sexualmente por la vista. Por otra parte, las mujeres suelen sentir temor de no poder COMPETIR con mujeres más jóvenes y bellas. Y esto es natural....les pasa a casi todas! Además, la mayoría de damas se incomoda cuando su hombre mira a otra mujer en su presencia, porque ella ha dejado de ser su centro de atención, el que se desplaza hacia una desconocida.

En mi opinión, muy pocas féminas suponen que su esposo se va a ir con esa otra y saben que no pasará a palabras mayores, pero dejar de ser el centro de atención del hombre que ama es lo que la incomoda y le dificulta ser feliz a su lado en ese momento. Mi consejo puntual, si esa es tu situación, amiga lectora, es que le digas claramente a tu marido cómo te hace sentir y que le pidas que no mire a otras mujeres de esa manera porque te parece una falta de respeto.

II.2.9) **Encuentras evidencia en su computadora o celular y dice que lo han "hackeado"**

Cristina creía que su novio le era fiel. Hasta tenían fecha de boda. Esa noche, él estaba recostado en la cama viendo TV y ella escribía algo en la computadora. El le comentó que quería vender algo en Craiglist. Ella se ofreció a ayudarlo. El le dio su password, tal vez sin recordar que había allí algo que ella NO debía ver.

El rostro de Cristina cambió de color y sus ojos parecían desorbitarse ante los avisos que veía en la pantalla. En la cuenta de su novio habían 5 avisos ¡de un hombre ofreciendo sexo a otros hombres!
Ella le pidió una explicación. El reaccionó con desparpajo diciendo que seguramente lo habían "hackeado" y puesto esos avisos en su cuenta sin conocimiento suyo porque no tenía idea de dónde

habían salido y nunca antes los había visto. Se dio media vuelta y se echó a dormir o a fingir que dormía.

Cristina no paró de llorar toda la noche....Y el tiempo y las investigaciones que ella realizó develaron que no había ningún hacker detrás de ésas y otras cochinadas que su novio había estado haciendo en Internet...Era una excusa infantil, una manera de zafarse de la triste realidad de haber sido descubierto en el medio del lodo.

Al cabo de cierto tiempo, hasta que ella estuvo convencida de que él no era inocente, Cristina terminó su relación con ese hombre infiel que la engañaba con otros hombres.

Muchos infieles están usando el manido recurso de echarle la culpa a los "hackers" cuando aparece algo en sus computadoras o celulares que sus mujeres no debieran haber visto. Pero los hackers no pierden su tiempo en temas sexuales. Ellos van a donde el dinero sobreabunda...a no ser que tengan un propósito diferente, lo que sería una excepción a la regla. Y ese es el caso de los hackers que ingresaron al sitio web # 1 para los infieles del mundo "Ashley Madison" y descubrieron los datos reales de los 30 millones de infieles que habían pagado por conseguir a su próxima amante en ese website.

Ashley Madison, que usa el eslogan publicitario "La vida es corta. Ten una aventura", dijo que había sido objeto de un ataque pero no especificó cuál información había resultado comprometida. El sitio es un objetivo claro para los *hackers*. Después de todo, sus bases de datos tienen un enorme potencial para usarlas para estrategias de chantaje.

Los hackers de *Ashley Madison* se refieren a sí mismos como el "*Impact Team*". Si la página web de Ashley Madison no queda desconectada (que es el objetivo de este grupo), estos han amenazado con "revelar los registros de los clientes –los que incluyen los perfiles con las fantasías sexuales secretas de todos los clientes y las transacciones de tarjetas de crédito, nombres y direcciones reales correspondientes– así como los documentos y correos electrónicos de los empleados de la empresa.

Este ataque se da luego de que un evento similar ocurriera en marzo, cuando las preferencias sexuales, fetiches y secretos de más de 3.5 millones de personas fueron expuestos después de que el sitio de citas *Adult Friend Finder* fuera hackeado. Este website –que presume de tener más de 64 millones de miembros– afirma que ha ayudado a millones de personas a encontrar parejas tradicionales, intercambio de parejas, tríos y una variedad de otras alternativas. Además de sus preferencias sexuales, la información personal expuesta incluye las direcciones de correo electrónico, contraseñas, cumpleaños y códigos postales.

II.2.10) **Miente tanto que se llega a creer sus propias mentiras**

Esta es una de las características más notorias del hombre infiel: es un mentiroso empedernido. Miente para cubrirse, miente para protegerse, miente para evadir ser descubierto, miente todo el tiempo.

Isadora vino a verme acongojada porque había descubierto todas las mentiras de su esposo infiel, una tras otra, las que él había mantenido por años y tan firmemente que –según su mujer- se las había llegado a creer todas, una por una. Le había mentido sobre los motivos por los que viajaba a Colombia tan seguido. Le había mentido sobre el lugar en el que se alojaba. Le había mentido cuando la llamaba por teléfono diariamente para reportarse. Le había mentido cuando le decía cuánto la extrañaba y que ella era la única mujer de su vida, en el pasado, el presente y el futuro. Hasta que todo el engaño reveló su color negro y sus matices oscuros cuando la misma amante contactó a la esposa para contarle toda la verdad.

Toda persona infiel miente. La sinceridad en el infiel es algo inconcebible. Mentir es faltar a la verdad a sabiendas. Es una afirmación falsa que crea una idea o una imagen también falsa. Pero la mentira "tiene patas cortas", es decir, que no llega muy lejos; porque los mentirosos tienen que tener ante todo muy buena memoria, si no quieren ser descubiertos.

El que miente necesita falsear la verdad para dar una imagen diferente de la que realmente tiene. No está conforme consigo mismo y en lugar de mejorarse auténticamente se oculta tras una máscara o disfraz inconsistente.

Una mentira es el comienzo de una cadena de mentiras infinitas que hace que el mentiroso produzca en los demás una imagen de personalidad caótica. La personalidad paranoide es fabuladora porque se siente perseguida y criticada y necesita continuamente reivindicarse.

El miedo a perder la imagen falsa crea mucha tensión y angustia y se pierde mucha energía mintiendo. La mentira tiene la función de fabricar personas y mundos falsos que hasta el que los inventa se los cree. Una vez que se ha instalado el hábito de mentir es muy difícil salir de él; porque la confianza de los otros se pierde diciendo una sola mentira y para recuperarla pueden pasar muchos años.

Además, el que miente se está mintiendo a si mismo convirtiéndose en alguien irreal que no existe. El mentiroso cree muy en el fondo que es despreciable y desde esa baja autoestima surgen las mentiras; que en definitiva son inútiles porque la verdad siempre se filtra por algún lado. El que miente es como un barco que hace agua hasta que se hunde irremediablemente en lo más profundo, a veces perdiendo lo que más quiere.

La infidelidad en sí misma es una gran mentira. La infidelidad deja de ser tal cuando el secreto se rompe, es decir, se desvela. En ese momento, la fantasía se desvanece, todo cae por su propio peso. El hechizo se ha roto. Ya nada vuelve a ser igual. La infidelidad, ese entramado de engaños, mentiras y secretos, rompe el tejido social; rompe el acuerdo de lealtad y confianza: dos pilares básicos en las relaciones.

II.3) DESPUES DE UNA RUPTURA

II.3.1) Regresa a la "caza" inmediatamente después de separarse

El cree firmemente que "un clavo saca otro clavo"...así que, si lo descubres siendo infiel y terminas con él... ¡se recuperará más rápido que volando!...es algo típico del hombre mujeriego que se dice así mismo "aquí no ha pasado nada"... ¡él se recupera el día siguiente! Esto te demuestra lo poco que le importas y las grandes mentiras que te decía sobre ser "la única mujer de su vida" y otras similares...

Es lógico suponer que para el infiel no hay duelo después del término de una relación porque él es un especialista en jugar con varias a la vez y es fanático de la conocida frase del cantante Julio Iglesias: "Las amo a todas".

Es probable que al día siguiente de la ruptura lo veas posteando fotos en Facebook o Instagram con otra u otras chicas. Con esto te estará diciendo: "No te necesito", "la que pierdes eres tú" o cosas por el estilo....Ahora bien, mi sugerencia es que no visites sus redes sociales....Lo único que lograrás con ello será atormentarte, torturarte.

Mejor aún: bloquéalo, elimínalo de tus contactos, borra las fotos y destruye los recuerdos... ¿no te das cuenta de la forma que jugó contigo y jugará ahora con otras?...Demuestra que tienes dignidad y amor propio: ¡comienza a olvidarte de él ahora mismo!

Les resutla muy fácil conseguir una o varias mujeres nuevas porque el hombre infiel es el típico Don Juan o Mujeriego. El no puede vivir sin una mujer a su lado porque la usa como trofeo, como objeto de adorno y le levanta el ego. Y nuestra sociedad definitivamente aplaude silenciosamente este comportamiento. Se presenta al hombre exitoso como el que tiene lujos materiales y se le añade a la mujer como otras más de sus posesiones. Muchas mujeres aunque repudian externamente este comportamiento sienten un atractivo hacia "el chico malo" y se envuelven con ellos pensando que pueden "salvarlos."

Como bien explica el psiquiatra Dr. Douglas Romero, los hombres mujeriegos son personas que basan sus relaciones sentimentales en el egoísmo y en la búsqueda del placer. Los mujeriegos tienden a ser personas asertivas externamente, lo que es parte de su atractivo para las mujeres, pero con grandes miedos e inseguridades en su interior. Suelen ser encantadores al principio de la relación pues han refinado el arte de las relaciones superficiales. Personas que no tienen que vivir el sufrimiento de estar envueltas sentimentalmente con ellos los suelen ver de una forma positiva.

No se nace siendo mujeriego. Como casi todo en la vida, es una elección. Lo que hace que alguien sea mujeriego es el egoísmo. Muchos de ellos dicen "es que yo soy así" o "tú sabes como yo soy." El mujeriego siempre tiene mil excusas para sus parejas y para ellos mismos. Tienen que justificar el hecho de que están hiriendo constantemente a las personas que ellos dicen que aman a pesar de que en el fondo saben que lo están haciendo mal. Al tener varias parejas, el mujeriego tiene que tomar una decisión entre algo que sabe que va a herir a alguien versus trabajar para formar una relación profunda emocionalmente con su pareja de turno.

La ironía es que la cultura fomenta este tipo de comportamiento. Vivimos en una sociedad machista que todavía no ha traído paridad social para las mujeres y esto se refleja en el trato sentimental. Nuestra cultura también fomenta el obtener de inmediato y preocuparse después, lo que en relaciones lleva a la mentalidad de seguir los impulsos y después mágicamente pensar que las cosas se pueden resolver. Todo esto se aplica también a las mujeres que se juntan con estos hombres, que piensan que fantasiosamente ellos van a cambiar a pesar de que desde el principio presentan las características típicas del mujeriego.

No existirían mujeriegos si las mujeres tomaran mayor conciencia de las relaciones en que se envuelven. Si eligen inteligentemente o si ven que el patrón reincide y se alejan a tiempo no tienen que ser víctimas emocionales de personas que realmente no las consideran ni le muestran amor real. Una vez se envuelven con un mujeriego tienen que tomar la decisión de si se quedan ahí y continúan sufriendo o si se alejan de esa persona. No hay otra opción real. Al principio, alejarte te hará sentir mal pero a la larga te va a evitar dolor. No debemos jugar con el corazón de nadie. Y no debemos tolerar a las personas que jueguen con nuestro corazón.

II.3.2) Se acuesta con otra al poco tiempo de haber terminado contigo como venganza

Una noche de lluvia en Miami, Felícita me contó en una sesión privada cuánto dolor le produjo la reacción de su novio después de una ruptura definitiva:

"Imagínese, Dra. Amor... Él me fue infiel varias veces por Internet...chateaba con mujeres ligeras de cascos en websites para infieles, veía pornografía y chequeaba avisos sexuales en Craiglist...nunca le descubrí una infidelidad completa, o sea que no lo encontré "in fraganti" ni tuve pruebas de que se acostara con otra...pero todo lo otro que me hizo para mí fue también infidelidad...le pedí varias veces que la cortara...que parara de ver pornografía y de chatear con esas tipas online y en varias ocasiones me prometió que no lo haría más...la última vez que lo pillé viendo cosas cochinas en Internet eran videos de menores de edad en poses provocativas...niñas de 15...qué asco...y cuando finalmente decidí ya no darle una oportunidad más y cortar la relación en serio, me escribió mensajes de texto reveladores de la cochinada que hay en su alma...me dijo: "Acaso crees que me la voy a dar de monje ahora que se te ocurrió arruinar nuestra relación? Ya me acosté con otra y la pasé MUY bien!"...Lo peor es que este mensaje me lo envió a menos de una semana de nuestra ruptura!....Ahora me queda todo mucho más claro: nunca me amó!..."

Le respondí que tenía que dar gracias a Dios por haberla salvado de un hombre de tan baja estatura moral. Que la reacción que él manifestaba ante la ruptura era fiel reflejo de la oscuridad reinante en su mente y la maldad instalada en su corazón…que sólo quedaba sentir compasión por él.…

Quien más, quien menos, tiene un amigo, un conocido o un familiar (o quizá lo haya experimentado en carne propia) que, después de una ruptura, especialmente si ésta ha sido traumática, se lanza a los brazos de la promiscuidad como si no hubiese un mañana. Se suele pensar que en algunos casos se trata de recuperar el tiempo perdido, pero lo cierto es que, como pone de manifiesto una reciente investigación universitaria, este procedimiento, que es más popular de lo que cabría pensar, es una habitual salida psicológica a la frustración que se siente tras una ruptura.

"Según la creencia popular, la gente 'en recuperación' después de una ruptura es emocionalmente vulnerable debido al incremento en los niveles de angustia, ansiedad y furia y la disminución de la autoestima, que generalmente acompaña a la pérdida de una pareja", explican Lindsay L. Barber y M. Lynne Cooper, psicólogas sociales de la Universidad de Missouri, en la introducción de su estudio publicado en los *Archives of Sexual Behavior.*

Las autoras explican de qué manera una abundancia de relaciones sexuales puede ser una manera de intentar revertir dicha situación, especialmente en aquellos casos en los que uno ha sido abandonado o cuando la ruptura significaba el fin de una larga relación. Hasta un tercio de las personas examinadas reconocían haber recurrido al sexo para remendar un corazón roto, y un 25% aseguró haberlo hecho simple y llanamente por pura venganza contra su ex.

Cuanto más dañina fuera la ruptura, más probabilidades había de que se incurriese en esta clase de comportamientos. Otro importante factor es el compromiso que se sentía hacia la otra mitad de la pareja: cuanto más alto fuese este, más probable era que los consultados mantuviesen relaciones sexuales con extraños en un intento de aliviar sus sentimientos negativos.

En opinión de Lynne Cooper, "la gente utiliza el sexo como una manera de superar la ruptura o de devolvérsela a su pareja", quien también manifestó su sorpresa al darse cuenta de que no existía ningún estudio psicológico sobre el asunto, a pesar de ser un concepto cada vez más habitual entre los jóvenes. La autora, que recordaba que siempre había estado interesada en cómo la gente supera las dificultades amorosas, reunió a 170 universitarios que se habían enfrentado a una ruptura en los últimos meses, a los que pidió que diesen testimonio durante alrededor de tres meses de su proceso, pasado y presente. Y se encontró que la promiscuidad post relación era muy frecuente, como dan fe los 34 millones de resultados que se obtienen si se introduce 'rebound sex' en Google.

Las investigadoras averiguaron, no obstante, que este comportamiento tendía a desaparecer a medida que pasaba el tiempo. Cinco meses después de la ruptura, aquellos que habían sido abandonados mantenían un nivel semejante de relaciones sexuales que aquellos que habían propiciado la separación. "La persona media reportó niveles más altos de superación y venganza justo después de la ruptura, que descendieron a lo largo del tiempo". Esta habitual desaparición de la promiscuidad sugiere, por lo tanto, que ésta no cumple tanto objetivos meramente placenteros como psicológicos y que, de esa manera, una vez la ruptura se ha superado, la necesidad de practicar sexo con otras personas desciende hasta los niveles habituales.

Que ésta sea una práctica popular no quiere decir que tenga por qué funcionar ni repercutir de forma positiva. La autoestima, por lo general, apenas se vio afectada por este comportamiento, lo que lleva a asegurar que se trata de un factor que apenas cambia a lo largo del tiempo. Sin embargo, sí identificaron que los que mantenían un mayor nivel de relaciones sexuales tras la separación estaban más inclinados a tener relaciones con extraños a largo plazo.

Este comportamiento puede tener sus contrapartida, puesto que las personas que recurren al 'sexo de venganza' también están más inclinadas a mantener relaciones sexuales de riesgo, y existe la posibilidad enunciada por el estudio de que tengan más dificultades para seguir adelante y establecer nuevas relaciones.

II.3.3) **Al cabo de un tiempo, te pide perdón y jura y rejura que no te será infiel nunca más**

Cuando Felicita regresó a verme 6 meses después de su primera consulta, me contó que su EX la había contactado casi a diario, después de visitarme, suplicándole que lo perdonara y le diera una última oportunidad. Me dijo que inclusive se dejó vencer por la tentación y a los 2 meses de la ruptura se vieron en persona por un rato, un atardecer en un parque, y que él se puso de rodillas y le rogó que olvidara lo sucedido y volvieran a ser quienes fueron en sus mejores tiempos como pareja. Felícita le preguntó si se comprometía a serle fiel, de verdad, de ahora en adelante, y él respondió como en la mejor novela de Corín Tellado: "Sí, hasta mi muerte!" Así que ella se dejó llevar por la emoción de semejante "declaración de amor" y le permitió volver a su casa (pues antes de la ruptura vivían juntos)... Pero el compromiso de fidelidad no duró ni 3 meses...unos días atrás Felicita decidió chequear la historia de la computadora que ambos usaban en su casa...y cuál fue su indignación al encontrar que su novio había visto en varias oportunidades un website de lesbianas teniendo sexo, y seguro había olvidado borrar esas entradas de la historia de navegación... Ella se sentía derrotada, sin esperanza y sin fe alguna de que las promesas de cambio de su novio se hicieran realidad algún día...

Le expliqué que la conducta del hombre infiel suele ser ambigua cuando es descubierto. Inicialmente se arrepiente, pide perdón, se humilla e incluso llora, pero una vez perdonado y de retorno al hogar, cambia y nuevamente se vuelve altanero, reclamando más libertad y tiempo. En estos casos la esposa, luego de una inicial reacción de orgullo y de un estallido de cólera, cede terreno y facilita la vuelta al hogar sin un entendimiento cabal de lo que causó el conflicto.

Después de una infidelidad, muchas mujeres realizan un mal manejo del problema, ya que ella ingenuamente cree que el perdón y los signos de arrepentimiento bastan para que la conducta traicionera de su hombre termine, sin darse cuenta que la infidelidad proviene tanto de conflictos personales como de pareja, los cuales no se resolverán únicamente gracias al remordimiento o al dolor de corazón por parte del infiel.

Muchos terapeutas coinciden en la importancia de la confesión del infiel ante la pareja. Pero son muy pocos los hombres que se animan a confesarse por el profundo miedo a la reacción y el posterior abandono de ella. Sin embargo, la experiencia no es así, ya que la confesión de la infidelidad, si bien es cierto que en un primer momento exacerba la crisis, posteriormente da buenos resultados, puesto que la esposa o novia se siente incluida como parte de la solución del conflicto, y con ese acto el marido da clara muestra de honestidad y de signo inequívoco de deseo de cambio, lo cual se comprueba al no evidenciarse un aumento del número de matrimonios rotos por culpa de la confesión.

Perdonar la infidelidad y continuar en una relación con una persona promiscua que no desea rectificar su comportamiento nunca finaliza bien, por el daño emocional, la inseguridad y la posible afectación a la salud física, junto con el deterioro del matrimonio, la familia y el mal ejemplo a los hijos, de haberlos.

Cuando el perdón está acompañado de un cambio de conducta de la persona infiel y un compromiso de los dos en salvar el matrimonio, se juntan los ingredientes para fortalecer la relación y aprender de lo sucedido. En este escenario, el compromiso de cambio debería ser una decisión de los dos miembros de la pareja, en el cual la persona infiel debe comprender todo el dolor provocado, debe ganarse la confianza de su cónyuge y cortar rotunda y tajantemente con la tercera persona.

El arrepentimiento debe ir acompañado por un compromiso manifestado en hechos concretos de reconstruir, fortalecer y restaurar su matrimonio con amor y paciencia para que sanen todas las heridas y la relación se estabilice.

Superar una infidelidad es posible solo si hay compromiso y voluntad de fortalecer la relación. Las parejas que han pasado por una crisis de infidelidad, podrán superarla *si hay un arrepentimiento ratificado por un cambio de conducta* de parte de la persona infiel y si se da el perdón –acompañado de olvido- por parte de la persona ofendida.

II.3.4) **Te pide para verte en un sitio público y se aparece con otra**

Catalina, una de mis pacientes cristianas, me contó su gran metida de pata cuando, después de una separación de más de un año, su ex novio, Oscar, la contactó para decirle que la extrañaba...ella no podía darle mucho crédito a esas palabras porque él había jugado permanentemente con sus sentimientos en el pasado, así que decidió tomarlo con calma y no le respondió en varios días... Cuando ella pensó que era bueno darle una oportunidad (por si había cambiado tanto como lo manifestaba en un email romántico en el que le hacía recordar lo bueno compartido) le envió un mensaje de texto preguntándole qué le hacía creer que ahora sí podrían ser felices....Además, ella le informó que tenía en su poder una carta dirigida a él que parecía muy importante (pues habían cohabitado juntos por algún tiempo y ella todavía recibía algo de su correspondencia)...Oscar le respondió que sería bueno reunirse para un café o un almuerzo...y comenzó a decirle cosas tan bonitas y dulces que Catalina se creyó el cuento de que en verdad quería verla para retomar la relación donde se habían quedado....Ellos habían compartido casi 4 años juntos y se iban a casar, así que algo de amor debía quedar!....Catalina le preguntó si en vez de almorzar podían reunirse al día siguiente a tomar café después del servicio en la iglesia a la que ambos asistían (aunque lo seguían haciendo sin encontrarse, ni siquiera cruzarse)...su respuesta fue SI y cuán grande fue su sorpresa cuando al llegar a la zona en la que Oscar y ella solían sentarse antes en el santuario...lo encontró sentado con otra!... Catalina pasó por delante, le hizo entrega del sobre en cuestión de manera discreta y no tuvo más remedio que entender que no se iban a reunir esa noche a conversar...(ni ninguna otra!)...pero la gota que rebalsó el vaso fue el mensaje de texto que Oscar le envió una hora después: "No deberías haberme dado ese sobre delante de la dama con la que estoy saliendo"...a lo que Catalina respondió molesta: Y tú deberías haberme dicho antes que estabas saliendo con otra!... ¿Y acaso sabe aquella mujer que me estabas invitando a salir a mí también?... ¿Por qué no tuviste la gentileza de responder a mi mensaje de texto anterior a mi llegada a la iglesia, en el que te preguntaba si nos íbamos a reunir? ¿Por qué me hiciste creer que sí nos íbamos a ver después del culto? ¿Por qué jugaste de esa manera con mis sentimientos?...

Las preguntas quedaron sin respuesta porque él no se dignó a contestar. Pero la respuesta se la pude dar yo, y sin pelos en la lengua: "Porque era un patán. Por eso".

Y de allí en adelante, por fin, después de mil y un desilusiones, Catalina lo borró de su lista de contactos y se propuso expulsarlo definitivamente de su corazón.

II.4) **DE VUELTA CONTIGO**

II.4.1) Descubres evidencias de que en el tiempo en que estuvieron distanciados le dijo a otras las mismas palabras que te decía a ti

Para Hortensa las posibilidades de volver con su EX -quien le había sido infiel solamente en Internet-, eran altas. Desde que terminaron la relación, Darío no había dejado de enviarle mensajes de textos, emails y tarjetas románticas y grabarle mensajes de voz declarando cuánto la extrañaba y cuánto la amaba. Parecía eminente que la relación se restauraba.

Un día, llevada por sus sentimientos hacia él, aceptó su invitación a pasar un fin de semana juntos en su casa en la playa. En la mañana del sábado, Darío recibió una llamada de emergencia de su jefe quien lo necesitaba en una reunión urgente en la oficina, y salió dejando a Hortensia sola en la casa. "Algo me dijo que era mi oportunidad de constatar si había cambiado otras mujeres, Dra...me armé de valor e ingresé a su computadora a ver qué encontraba...creo que fue de Dios que su email había quedado abierto y esto me permitió chequear su correspondencia, una por una....en los correos de entrada o INBOX no encontré nada que lo delatara...pero me di el trabajo de buscar en su OUTBOX revisando los mensajes enviados...cuál sería mi sorpresa cuando encontré decenas de mensajes enviados a una mujer en la ciudad en la que él nació y en la que todavía vive su madre...la correspondencia romántica se había iniciado a un mes de nuestra ruptura....El que abrió mis ojos e hizo caer mi mandíbula fue uno en el que él le decía que bendecía el día en que le tocó ir al hospital a visitar a su madre enferma y la conoció como su enfermera personal...que desde aquel momento él se dio cuenta que ella era el amor de su vida!...lo mismo que me decía a mí, Dra. Amor, exactamente lo mismo!...qué desfachatez, qué descaro!... ¿hasta dónde se puede ser hipócrita y engañar a las mujeres?...

Ofelia esperó a que Darío regresara a la casa para confrontarlo. El no desmintió nada de lo que ella leyó en esos emails...pero montó en cólera porque ella había invadido su privacidad y ahora fue él quien puso término a la aparente reconciliación entre ambos....Cuando Hortensia llegó a su hogar, hizo algo en beneficio de la otra mujer: había tomado nota de su email para alertarla de la doble vida de Darío... La mujer respondió diciendo que a los dos meses de conocerla, Darío le había propuesto matrimonio...y eso fue a los dos meses y medio de haber terminado su relación de 3 años con Hortensa!...Mas claro que el agua: Se trataba de un hombre infiel que no podía pasar ni unos días sin creerse el cuento de su "gran amor" por cualquier mujer, cualquiera!

II.4.2) **Hace caso omiso de tus consejos: ni siquiera los oye**

Una de las caracteríticas más saltantes del hombre infiel, del casanova o mujeriego es que después de haber pedido perdón por su caída, no escarmienta y ni siquiera tiene la menor consideración hacia la forma de sentir y pensar de su esposa porque sus consejos le entran por un oído y le salen por el otro.

Y es que ella necesita estar segura de que esta vez NO le será infiel y cree que si le da recomendaciones de cómo lograrlo lo va a ayudar...Mientras tanto, él siente que ella lo quiere controlar y si bien al principio del reencuentro, después de haber pedido perdón, él parece aceptar con gusto algunas de las sugerencias que su mujer le hace, la verdad sea dicha: lo hace porque sabe que eso le dará a ella la tranquilidad que necesita para no perseguirlo tanto; no lo hace porque considere que valga la pena.

Educados para ser fuertes, autosuficientes y protectores, los hombres suelen intentar resolver sus conflictos por ellos mismos. Pedir consejo es algo a lo que acudirán como la última de las posibilidades, única y exclusivamente en caso de ser absolutamente necesario. Primero, meditarán acerca de las posibles soluciones a su problema en silencio y, si aun así no consiguen encontrar una, buscarán distraerse con alguna actividad que los ayude a despejar la mente, como ver televisión o practicar algún deporte.

Por otra parte, a todos los hombres se les hace difícil escuchar a sus mujeres y prestarles la atención que ellas necesitan (no solo a los infieles). Algunos estudios a nivel neurológico señalan que la voz femenina tiene inflexiones más complejas que la masculina, por lo que requiere de más actividad cerebral para escucharla por parte de los hombres. Por el contrario, cuando un hombre escucha a otro, su cerebro procesa que se está escuchando a sí mismo y se le hace más fácil prestar atención.

Para llegar a estas conclusiones, investigadores de la Universidad de_Sheffield utilizaron como marco teórico una teoría que sostiene que los distintos géneros - masculino y femenino - decodificamos de forma diferente el sonido de las voces.

En base a esto, los científicos recogieron datos de distintas parejas que expresaron tener problemas de comunicación y luego de observar detenidamente su relación y aplicar conocimientos científicos, pudieron concluir que el cerebro de los hombres decodifica el timbre de voz de las mujeres en la misma frecuencia que decodifica la música.

Si crees que esto implica que les es placentero escuchar a las féminas, te equivocas. Lo que está implícito aquí es que el cerebro de los hombres debe realizar un mayor esfuerzo para decodificar lo que las mujeres están diciendo debido a la frecuencia de ondas en las que vibra su voz, la cual es similar a la frecuencia de la música.

De este modo, la voz femenina resulta mucho más compleja que la del hombre lo que termina causando rechazo, hecho que hace que dejen de oír en una discusión o charla, donde la mujer realiza un discurso de varios minutos. Sobre todo si la perorata va acompañada de un tono agudo, tipo chillido, que es tan desagradable al oído masculino que lo más probable es que el hombre no escuche nada de lo que se le diga.

Otra causa por la que los hombres no suelen escuchar los consejos de sus mujeres ni siquiera después de una infidelidad es su ego, su grandísimo ego. Vaya si ha llovido desde que *John Gray* descubriera que los hombres son de Marte y las mujeres de Venus, pero el agua no ha anegado las perpetuas diferencias entre ambos sexos, al menos en su esencia. Y de todas, la evidencia más irreconciliable en una relación de pareja es que el hombre sigue con su problema de exceso de ego y la mujer con su falta de autoestima.

Ego y autoestima son firmes rivales en la pista de juego de las relaciones amorosas. Tanto como lo son la razón frente a la emoción. Cuando se da el caso de exceso de ego en el hombre y baja autoestima en la mujer, la relación se contamina debido a las chispas que surgen de dichos rivales. La testosterona hace al hombre competitivo desde su niñez y esa competitividad también se ve reflejada después en sus relaciones.

Hombre y mujer, uno con el ego desbordado y la otra con su falta de confianza, se empeñan en dar el amor que cada uno necesitaría, no el que necesita su pareja. De alguna manera, el amor se va desvaneciendo y deja a ambos en una situación vulnerable. Ni él da todo lo que ella desearía, ni ella reacciona tal y como él lo haría.

Por estas y otras razones, tal vez sea mejor que la mujer que perdona una infidelidad se prepare para que sus consejos caigan en saco roto y para una posible recaída de su novio o esposo…y si no está dispuesta a aceptarlo como es, mejor es que lo deje de una buena vez y no intente ninguna otra reconciliación a futuro.

II.4.3) **No reconoce la esencia del problema ni asume medidas para no volver a caer: su intención de cambio es de la boca para afuera**

Si el hombre supuestamente arrepentido de una infidelidad no escucha los consejos de su mujer, la que lo perdonó de esa traición, cuál es el camino a seguir para que él pueda emprender el proceso de cambio interior?....Quizás hayan dos caminos, no sólo uno: la terapia de pareja, donde el terapeuta le indique lo que tiene que hacer para restaurar la confianza de su esposa y no volver a caer y la consejería espiritual. si el hombre es creyente.

Si existe la predisposición a seguir adelante como pareja, el trabajo terapéutico consiste en juzgar las compatibilidades, analizar qué ha fallado y plantear medidas correctivas mediatas e inmediatas. La confianza y la lealtad no se recuperan al día siguiente, por lo que se recomienda no volver continuamente al pasado y echar en cara la infidelidad porque es una actitud inútil que mina a la otra persona. Lo ideal sería, trabajar desde el lado positivo y no alimentar la curiosidad morbosa.

Pero qué pasa cuando la víctima de la infidelidad comienza a hacer su parte para cambiar la dinámica de la relación pero quien cometió la falta ni siquiera reconoce la magnitud de su problema ni asume las medidas recomendadas por el terapeuta?... Es probable que no haya solución a la crisis de pareja.... Porque el proceso de restauración matrimonial comienza con el reconocimiento del problema y sus consecuencias por parte del infiel y la adopción de un compromiso de cambio basado en hechos, no palabras.

Sara logró traer a su esposo infiel a mi consejería, al igual que lo hicieron antes decenas de mujeres que no volvieron más... Su marido Julián me escuchó con respeto y parecía entender que de ahora en adelante tenía que rendir cuentas a su mujer y ser completamente honesto y transparente con ella. Le di un conjunto de tareas prácticas a realizar diariamente y se fueron convencidos de que el plan funcionaría. Pero cuando al mes siguiente, Sara regresó a verme sola, me contó que Julián le había dicho recientemente que mis recomendaciones le parecían muy exageradas y que iba a ser lo que humanamente pudiera...

Sara me preguntó si todavía había alguna posibilidad de que su marido cambiara, a lo que respondí:

Los hombres que cambian son pocos pero hay muchos que cambian temporalmente y luego vuelven a ser los mismos de antes, vuelven a ponerte los cuernos y si no es con la misma es con otra y si lo perdonas una y otra vez se le hará costumbre... siempre volverá hacia ti llorando, clamando y pidiendo perdón, pidiéndote otra oportunidad más...y si tú eres la que siempre está perdonando sus infidelidades le será más difícil aún cambiar, como dice un viejo dicho "árbol que crece torcido nadie lo endereza."

Y lo mismo te digo a ti, amiga lectora, que atraviesas por una circunstancia similar a la de Sara, para que la restauración matrimonial sea posible, tu esposo debe estar dispuesto y comprometido profundamente a cambiar y tú también debes poner de tu parte para ayudar a tu pareja a cambiar. Dialoguen, hablen sobre todo lo sucedido sin gritar, escuchen muy atentamente lo que el otro tenga que decir, sean sinceros, vayan a una consulta con un psicólogo, hagan una terapia de pareja, visiten retiros de parejas o acudan a consejería espiritual con un sacerdote o un pastor.

Si logras que tu novio o esposo infiel vaya a una terapia de pareja y escuche las acciones de cambio sugeridas por el especialista, lo más probable es que en presencia de éste tu marido esté de acuerdo con ellas y se comprometa "de la boca para afuera" a cumplirlas....Pero no pasará ni una semana para que despiertes a la triste realidad: no hace nada de lo que se le indicó que hiciera para cambiar...y si se lo recalcas, su reacción puede ser de enojo, de irritación ante tu supuesto afán de "controlarlo".

Si al cabo de poco tiempo te das cuenta que tu pareja no está interesado en cambiar o no puede hacerlo (aunque en teoría tenga la intención) te recuerdo que la infidelidad se puede asociar con elementos traumáticos de la niñez – de tipo inconsciente- que le impiden tener una relación estable. Hay situaciones más profundas, como experiencias negativas en el plano afectivo o sexual, que pueden haberlo marcado para mal... y se necesitará mucho, mucho tiempo para que se note algún cambio (si de verdad él quisiera cambiar y se propusiera trabajar en ello)... ¿Estarías realmente dispuesta a esperarlo?...

II.4.4) **Te dice que tú eres la culpable**

Otra de las características típicas del infiel reincidente es que cuando vuelve a tropezar con la misma pieda te echa la culpa de su recaída. Te culpa porque, según él, lo tienes harto con tu afán de controlarlo, tu obsesión de detective privado, tus insinuaciones de las cosas malas que está haciendo, tu forma de atormentarlo con sus errores del pasado y tu duda perpetua, constante...y claro...después de tanta tortura, no le queda más remedio al pobrecito que ser infiel nuevamente... Una buena colección de excusas que, aún en el caso de que sean verdad, no justifican para nada que él irrespete el compromiso adquirido de no volver a ser infiel....

Otra de las causas más frecuentes por las que los hombres le echan la culpa a sus esposas es que ellas no los complacen sexualmente tanto y en la forma en que ellos querrían.

Al vivir en una sociedad machista, es muy frecuente que escuchemos que la culpa es de la esposa, siempre. Ya sea porque se ha descuidado en el aspecto físico y su esposo ha dejado de desearla, o porque no ha complacido sus deseos en la cama.

Otra razón que escuchamos con frecuencia es que se volvió tan frívola que su pobre esposo se vio en la necesidad de buscar a otra mujer, quien le entregara el cariño que ella le negaba. Pero si lo pensamos bien, sin importar cuantos casos diferentes revisemos, siempre habrá una coincidencia: ambos son culpables, o mejor dicho, responsables.

Uno de los rasgos más comunes de las parejas en crisis es que se achacan la culpa mutuamente. Con el dedo índice apuntando, atribuyen al cónyuge la mayor o casi total responsabilidad sobre las desgracias que experimentan en su matrimonio y no hacen la propia. Toma conciencia de tu equivocación. Eres en parte responsable de lo que vives con tu pareja. Aunque aparentes ser la víctima, lo eres porque permites que las situaciones se escapen de control y hasta en algunos casos fomentas el descontrol.

En un matrimonio, ambos comparten la responsabilidad sobre sus triunfos y sus fracasos, sus alegrías y sus tristezas, sus avances y retrocesos, sus tiempos de calma y sus tiempos de tormenta. Por eso les digo a quienes se van a casar: entiendan que ustedes conforman un EQUIPO y que como equipo deberán confrontar todos los problemas que se les presenten en su vida matrimonial.

No se trata de que cada uno le eche la culpa al otro del problema que enfrentan. Se trata de que ambos se tomen de la mano, y como equipo (sabiendo que ninguno quiere hacerle daño al otro deliberadamente) ataquen el problema juntos. En vez de tirar cada quien para su lado, magnificando el conflicto, el trabajar como EQUIPO garantiza que la solución sea alcanzada más rápida y eficazmente.

Eres perfecto(a)? No? Entonces deja de acusar, atacar, juzgar y condenar a tu cónyuge por no serlo tampoco. El perdón, la misericordia y la gracia con la que Dios nos perdona debe ser extendida a los seres que amamos. En vez de echarle la culpa al otro por lo ocurrido, dile con ternura: "Cuenta conmigo para solucionar nuestros problemas

JUNTOS....y con la ayuda de Dios, saldremos adelante!".

La infidelidad en cualquier relación produce un quiebre casi irreparable, pero si somos capaces de detectar los síntomas a tiempo, entonces tenemos todas las herramientas en nuestras manos para evitar que esta nauseabunda enfermedad entre en nuestra relación. El matrimonio nunca será una causa perdida.

RADIOGRAFIA DEL HOMBRE INFIEL

III

CASADA CON UN INFIEL

III) CASADA CON UN INFIEL

III.1) **Cuando la situación económica no permite la liberación**

Cuando Teresa me contó por qué tenía que continuar al lado de su marido infiel, las posibilidades de solución no eran fáciles ni inmediatas. Ella se encontraba ilegal en los Estados Unidos y no podía trabajar abiertamente. Los pocos empleos que conseguía "por lo bajo" le servían para cubrir uno que otro gasto pero era su esposo el que pagaba todas las cuentas de la casa. Los 3 niños en edad escolar generaban solamente egresos por el momento. Mientras tanto, ella ni siquiera podía buscar un empleo en serio. Dependía de su marido infiel económicamente. Tampoco le convenía divorciarse porque sino no iba a conseguir la residencia americana. Le faltaban 2 años para alcanzar ese sueño y, mientras tanto, no le quedaba otra que soportar el mal trato y el adulterio. Y Teresa no es la primera mujer que tiene que aguantar por esta causa.

Una reciente investigación universitaria demuestra que la infidelidad no es solamente aguantada por el cónyuge que depende económicamente del otro sino que también- sin querer- puede que sea eso mismo lo que en parte la está produciendo.

Según Christin Munsch, socióloga de la Universidad de Connecticut y autora del estudio, asegura que, "la dependencia económica de la pareja es un desestabilizador para las relaciones".

Para el estudio, publicado en junio en la revista *American Sociological Review*, los investigadores estudiaron durante 10 años a 2.750 personas casadas entre los 18 y 32 años. Y estas fueron algunas de las conclusiones:

Cuando ellos traen más del 70% de los ingresos para el hogar, son más propensos a ser infieles. Pero la buena noticia, según las notas de Munsh, es que éstas posibilidades de ser infiel en los hombres disminuyen cuando ellos reciben solo un poco más de ingresos que las mujeres.

La investigación concluye que los matrimonios son más estables cuando ambas personas dentro del matrimonio trabajan.

III.2) **Cuando los hijos son pequeños y no se desea afectarlos**

En cuanto a los hijos es muy importante establecer los siguientes parámetros para no confundirse:

Si tu integridad física es baja y mueres o te enfermas o quedas inválido, no podrás atender a tus hijos.

Si tu integridad psicológica es baja y vives con depresión, con riesgo de suicidio y en general mala salud mental, tus hijos estarán en riesgo permanente y serán víctimas de ambos padres.

Si tu dependencia económica es alta y los dos primeros factores son altos, deberás pensar en el bienestar psicológico y económico de tus hijos y por lo tanto permanecer con tu pareja.

Si tu dependencia económica es alta y los dos primeros factores son muy bajos, deberás privilegiar el bienestar psicológico y físico de tus hijos antes que el dinero y por lo tanto no permanecer en la unión conyugal.

Si tu dependencia económica es baja y los dos primeros factores son altos, deberás pensar en el bienestar psicológico de tus hijos y por lo tanto permanecer con tu pareja, por lo menos hasta que tengas autonomía financiera y/o los niños crezcan.

La idea de fomentar una crianza con la presencia física de ambos padres se convierte en prioridad para muchas parejas que anteponen el bienestar de sus hijos al propio. Esto no sorprende teniendo en cuenta la ilusión de proveer un ambiente con la figura paterna y materna presentes como en cualquier familia tradicional.

El divorcio, en algunos casos, no es tan simple, principalmente cuando se tienen hijos. Una posible separación puede afectar a los hijos significativamente. Por tal motivo, muchas parejas deciden permanecer juntos por no afectarlos.

Por otro lado, hay quienes creen que cuando una persona se queda al lado de la otra, es porque, en el fondo, siente algo de amor o algún grado de dependencia hacia su pareja. En este caso, piensan que los hijos pasan a ser sólo una excusa para justificarse y continuar en una relación que no les satisface. Es natural que haya sentimientos encontrados cuando una relación está en crisis o a punto de terminar. Son muchos los recuerdos y es difícil determinar si aún se siente amor o no hacia la pareja. A esto cabe añadir que se trata de una experiencia muy individual y requiere de un proceso de introspección, análisis e incluso hasta ayuda profesional para revaluar nuestros sentimientos, analizar las razones que nos hacen considerar separarnos para entonces, sólo entonces, tomar la decisión correcta.

Sin embargo, conviene reflexionar que a veces se posterga una decisión que debió ser impostergable. Además, tristemente, no tomar decisiones a tiempo a sabiendas de que la falta de amor es el ingrediente esencial que hace tiempo no existe en la relación, provoca que surjan emociones y situaciones más conflictivas que se pudieran haber evitado.

Por otro lado, la edad de los menores al momento de la separación de sus padres es significativa. Si son pequeños, lo asimilarán mejor. En el periodo de la pubertad o adolescencia, puede ser más difícil.

Los padres deben estar presentes en la vida de sus hijos, independientemente de los sentimientos o decisión de la pareja de seguir juntos o no. Y añade que el hecho de que una pareja termine su relación no debe implicar distanciarse de los hijos y, mucho menos, que se utilice a éstos como 'venganza' por resentimientos que se tengan.

Cuando una de las partes se siente en la obligación de permanecer en la relación por sus hijos, esto puede provocar resentimientos, sentimientos de frustración y a la larga se creará un clima que finalmente puede desembocar en afectar la imagen de los padres hacia los hijos. Toda situación tiene sus pros y sus contras. En caso de que la víctima de la infidelidad opte por quedarse en la relación para no afectar a los hijos con el divorcio, no debe hacerles sentir culpables por ello e intentar mantener una convivencia pacífica con el cónyuge infiel.

III.3) **Cuando estás en una relación de co-dependencia y tú eres el problema**

Una de las razones por las que muchas mujeres se quedan al lado de sus maridos infieles y les perdonan sus deslices una y otra vez es porque se encuentran en una relación de co-dependencia con ellos.

Sabemos que el co-dependiente es una persona adicta a los problemas de otros que inconscientemente permanece junto a ellos, no para tratar de ayudarles a superarlos, sino más bien para sentirse necesitado, apreciado y valorado, por ello se aferra a esas personas de manera irracional, perdonándoles incluso cualquier tipo de maltrato como golpes, insultos, alcoholismo, drogadicción y violaciones. Sin embargo, son menos tolerantes en el caso de la infidelidad.

Esta situación no es exclusiva de las personas co-dependientes. Las mujeres suelen ser muy aguantadoras y, en ocasiones, justifican cualquier acto de desprecio o maltrato físico, verbal o psicológico, preocupadas por la manutención y bienestar de sus hijos o simplemente conservando la esperanza de que algún día sus conyugues o parejas cambien.

En este tipo de relaciones es lamentable observar que el dicho "el valiente vive hasta que el cobarde quiere", es muy cierto ya que poco a poco se va medrando la personalidad, la autoestima, las metas y las ilusiones de quien recibe este tipo de vejaciones.

Observamos que el factor fundamental de la decisión de aguantar cualquier cosa menos una infidelidad, radica en el concepto de amor que se maneja, porque mientras algunas personas se sacrifican dentro de la relación para sacar a su pareja de sus adicciones o ayudarlo a corregir su temperamento, la infidelidad rompe el compromiso. Se interpreta entonces como una traición al esfuerzo que se hace por mejorar la relación y por ello resulta conflictivo e imperdonable.

Las mujeres durante muchos años fueron consideradas la parte menos importante de la sociedad; no tenían derechos, no podían expresar su opinión; fueron consideradas por muchos pueblos como ciudadanas de segunda categoría e incluso objeto de comercio. Lamentablemente, esto se sigue reflejando de alguna manera en su comportamiento actual, dependiendo de la educación y la cultura.

Lo que si noto con mucha frecuencia en casi todas las consultas que me hacen es que las mujeres que se acercan en busca de elementos de información necesitan pruebas tangibles como fotos o videos que evidencien la conducta impropia de sus parejas, para de esta forma justificar su separación y señalar al culpable de la ruptura, liberándose así de malas interpretaciones de la sociedad e incluso de su propia familia, pues aún resulta difícil aceptar una ruptura sin una razón válida para ojos ajenos.

En muchas ocasiones he tenido consultas en las que observo que las mujeres se encuentran en una relación poco constructiva, pero que más allá de conservarla por codependencia o amor, lo hacen por conveniencia o porque en su naturaleza se enmarca la responsabilidad de criar, proteger y darle una buena educación a sus hijos aún a costa de su propia persona.

Sin embargo, cuando éstos pueden valerse por sí mismos, muchas mujeres toman la decisión de separarse de sus parejas, amparadas en una infidelidad o en el mal trato ocasionado por su cónyuge, pues ya no dependen económicamente de éste y pueden justificar ante la sociedad el hecho de haber vivido como personas abnegadas y sufridas toda su vida, siempre y cuando cuenten con un elemento de información adicional que les permita auto justificarse.

Por ello aconsejo que los matrimonios se basen en la convivencia sana entre las parejas teniendo como valores primordiales el respeto, la comunicación y la tolerancia, sin confundir éstos con tener que soportar situaciones que nos ofendan, dañen o perjudiquen emocional y moralmente.

Hay que aclarar que la tolerancia implica conversar y escuchar a nuestra pareja teniendo real interés por entender al otro, aun cuando no se compartan las mismas ideas. En cuanto se presente alguna situación que nos haga sentir incómodos, ya sea una actitud o un comentario, debe ser hablado desde un inicio para evitar que el problema crezca y se puedan marcar límites, evitando la codependencia y el apego.

El apego, a diferencia del amor, se define como la inclinación, dependencia, afición o adicción hacia algo o alguien. Por ello, el apego (que forma relaciones co-dependientes) es una causa de sufrimiento porque esclaviza a las personas impidiéndoles ver la realidad. Desde ese punto de vista, no hay apegos grandes o pequeños ya que todos son igualmente negativos.

El apego es una mezcla de sentimientos de pertenencia, posesividad, miedo e interés. Es el amor enfermo hacia la otra persona la que provoca la pérdida del norte de la propia vida a causa de estar pendiente del otro. Cuando sentimos apego respiramos el mismo aire de esa persona, queremos controlar lo que hace, dice y piensa, casi quisiéramos meternos en su propia piel para entender todo sobre ella. Así, nos convertimos en un apéndice de la otra persona, perdiendo nuestra propia valía e independencia personal.

No es inusual tener a nuestro alrededor a muchas personas que viven enfrascadas en relaciones afectivas enfermizas de las cuales no quieren o no pueden escapar. De manera más específica, podría decirse que detrás de todo apego hay miedo. Y es que la persona que está apegada a otra, nunca está preparada para la pérdida, porque no concibe la vida sin su fuente de seguridad (de allí la típica frase "sin él me muero").

Como sostiene Chiquinquirá Blandón en su libro *Manual para Desenamorarse*, "en las relaciones de codependencia la persona da más de sí mismo al otro, dedicando todo su tiempo y energía para mantener los estados de exaltación en su relación, trata cada día de consumir más dosis para ser feliz, entrando en el círculo vicioso del adicto, con sentimientos de exaltación cuando se está bajo los efectos del embriagante y bajos cuando el embriagante se retira".

Los co-dependientes son "adictos afectivos, los cuales dependen de otros para vivir, buscan gratificación en los otros como los adictos a la droga". Son individuos que sienten un gran temor al abandono, necesitan aferrarse a otros incluso cuando su compañía les cause dolor. Por otro lado, el compañero del co-dependiente, estimula y propicia las conductas adictivas porque las necesita para afirmarse él mismo. Este tipo de conductas las ejecutan las personas incluso sin darse cuenta, pues han sido conductas adquiridas a lo largo de su vida. Pero llega el momento en que uno de los dos empieza a romper este patrón, inicia el alejamiento y produce la crisis, lo que los lleva a cuestionarse, buscar ayuda y descubrir los patrones adictivos.

Las relaciones sanas son relaciones en las que la persona asume la responsabilidad de su propia vida y de sus acciones y acepta que en la relación se van a experimentar momentos felices pero a la vez sufrimiento, y que la felicidad no está en el otro, sino que depende de cada uno de nosotros. En definitiva, son relaciones en las cuales no hay temor sino libertad e independencia.

Si alguien se encuentra en una situación de apego afectivo, inclusive después de haber sido víctima de una infidelidad, sería importante que buscara ayuda. Evidentemente, no se pueden controlar las vidas ajenas, sólo la propia. Para ello, hay que conocerse a uno mismo, aprender a decidir lo que se desea, lo que agrada y a tener actividades propias, ya que la pareja no es lo único que nos rodea.

Debemos recordar que el deseo mueve al mundo y la dependencia lo frena. El objetivo no es reprimir las ganas naturales que surgen del amor, sino fortalecer la capacidad de desprenderse cuando haya que hacerlo. Así pues, debemos saber que querer algo con todas las fuerzas no es malo, convertirlo en imprescindible, sí.

El buscarse a uno mismo, el quererse y el aceptarse son las bases para establecer relaciones sanas y realistas con los demás. Recordemos que el ser independiente no implica desamor. Cuando alguien es independiente lo que está cultivando es un amor razonable, un amor pensado, un amor inteligente. La idea no es dejar de ser apasionado sino vivir la pasión de tal forma que no se entre en una "locura temporal" en la cual uno deja de ser él mismo para mimetizarse en el otro.

III.4) ¿Qué hacer si tú también fuiste infiel por venganza?

Laura vino a verme inmensamente afligida. Su esposo le había sido infiel cuando novios y ella esperó a casarse para tomarse la revancha. Dice que lo hizo para saber qué se sentía, para darle "sopa de su propio chocolate", y para que él experimentara el sufrimiento de ser traicionado por la persona a la que más amas.

Aunque ella le fue infiel a su marido solamente una vez, en una noche de copas, una noche loca, y con un extraño; él quedó tan destrozado que le pidió el divorcio. Se enteró poque esa noche en que supuestamente había salido con unas amigas, Laura no regresó a dormir a la casa y no respondió a ninguno de los intentos de contacto de su esposo.

Una de las peores cosas que se puede hacer en una relación de pareja es aplicar la Ley del Talión de "Ojo por ojo y diente por diente"...Preferible es terminar la relación y no caer en la tentación de la venganza.... Porque el otro lo hizo primero, porque se lo merece, porque da una íntima satisfacción, hay muchas razones, o mejor dicho, "excusas". Pero lo cierto es que algunos ponen los 'cachos' solamente para devolver aquello que su pareja le hizo.

Dicen que la venganza es un plato que se come frío, pero este no es el caso. Es más bien todo lo contrario, una especie de impulso imparable, una rara satisfacción que hasta puede convertirse en algo retorcido o maquiavélico. O por lo menos esa es la impresión que deja una persona que se acuesta una y otra vez con un hombre o una mujer por quien no siente mayor interés, pero lo hace solamente para disfrutar la satisfacción de serle infiel a su pareja.

Generalmente la venganza se saborea cuando el otro (el que la hizo y ahora quieres que las pague) acusa recibo de esa venganza. Resulta cruel, pero ese dolor que el vengativo provoca en quien cree que lo merece, no sirve de nada si el otro, justamente, no participa demostrando su dolor. Muy pocas veces la infidelidad femenina es una venganza secreta.

El engaño no tiene el mismo sentido para la mujer que para el hombre. La infidelidad femenina suele estar relacionada a otras causas que no son puramente la búsqueda del placer. La venganza parece ser la primera causa de infidelidad femenina. Una gran cantidad de deslices femeninos se deben a un sentimiento de venganza por haber sido engañada o por estar siendo maltratada por su pareja. De esta manera existe la motivación de agredir al marido pagándole con la misma moneda: la traición.

Cuando una mujer dolida, maltratada y traicionada decide engañar a su esposo o novio pasa a herirse a sí misma aún más. Muchas mujeres que fueron infieles han confesado en mi consulta que han estado con otro hombre solo por el deseo de asumir el mismo papel de la amante del marido, por vivir la fantasía de ser "tan mujer" como lo fue la otra. Es una manera inconsciente de ser resarcida del daño que ha sufrido y para ello utiliza a otro hombre para despreciar la virilidad del marido y a su vez asumir una posición de fuerza frente a su dolor y a su herida.

Cuidado con la infidelidad por pura venganza porque aunque al principio puede calmar su alma herida, según pasa el tiempo y el dolor, la mujer suele darse cuenta de que la verdadera traición se la hizo a ella misma. Pues no resolvió el problema con su relación de pareja y ahora puede encontrarse atrapada en fuertes sentimientos de culpa o de asco o vistiendo al amante con el traje de hombre perfecto para encontrar motivos para separarse del marido.

RADIOGRAFIA DEL HOMBRE INFIEL

IV
SANANDO Y VOLVIENDO
A CONFIAR

IV) SANANDO Y VOLVIENDO A CONFIAR

IV.1) ¿Es posible perdonar una infidelidad? ¿Y si es crónica o reincidente?

Una cosa es perdonar UNA infidelidad y otra muy distinta perdonar VARIAS.

Cuando estamos frente a una reincidencia después de haber perdonado una primera infidelidad, los problemas de pareja aumentan considerablemente y la posibilidad de ruptura es inminente. Esta fuerte decisión implica considerar diversos factores, entre los cuales están los hijos, para quienes cualquier decisión de los padres podría convenirles o perjudicarles indistintamente, sin embargo los utilizamos como un factor clave a la hora de decidir, lo cual es un error porque existen factores más importantes en esta decisión y que tienen real influencia sobre su bienestar.

Como bien sostienen los psicólogos Gustavo Lavanchy y Paola Verdugo del grupo *Galt Psicología*, es importante definir y diferenciar primero los tipos de infieles antes de responder a la pregunta mencionada en el subtítulo. Ellos reconocen 6 tipos:

1) **El infiel único:** Es aquel que ha cometido sólo una infidelidad en toda su vida y se siente sumamente culpable por ello. Esta infidelidad implica un solo acto sexual o un solo momento de besarse con su amante. Este tipo de infiel es aquel que nos da mayores garantías de superar una infidelidad y de recuperar una vida matrimonial más segura y mejor que antes.

2) **El infiel de affair:** Es el que ha tenido una aventura o un romance con una sola persona pero esa relación ha durado varios encuentros desde meses hasta años. Después de ser descubierto por su cónyuge, muestra arrepentimiento genuino y tiene pocas posibilidades de ser reincidente.

3) **El infiel paralelo:** Es quien mantiene una segunda vida con otra persona, por más de dos años, incluso puede tener otra casa y

hasta hijos, en ocasiones la amante sabe que su pareja es casada pero no le importa. Estos casos se dan entre gente que viaja mucho de una ciudad a otra por su trabajo y así pueden mantener el secreto sin mayores inconvenientes. Si es descubierto por su cónyuge y deciden continuar la relación matrimonial, el infiel tiene grandes probabilidades de ser reincidente con la misma pareja amante.

4) *El infiel reincidente:* Es cualquiera de los casos anteriores, que una vez descubierto por su cónyuge, habiendo pasado por un proceso de perdón y reconciliación y luego de transcurrido un tiempo indefinido, vuelve a cometer un segundo acto de infidelidad con la misma persona o con otra.

5) *El infiel crónico enfermo:* Este es el que mantiene relaciones fuera del matrimonio en forma habitual con distintas parejas, pudiendo ser dos o más. Esta es una conducta propia de los enfermos de

psicopatía, mientras más parejas tenga y mientras más seguido sea, más grave es el cuadro. Si son descubiertos, sólo reconocerán que han sido infieles una vez, mentirán sin problemas y en forma convincente. En ocasiones estos infieles actúan bajo un consentimiento de resignación de su cónyuge, lo que normalmente ocurre en niveles socioeconómicos muy bajos. Esta conducta también puede encontrarse dentro de otros cuadros psiquiátricos, aunque con otras características. El psicópata en general se ve y aparece como una persona normal.

6) *El infiel crónico adicto:* Igual que el anterior, pero aquí se trata de una persona dependiente que genera adicción a los estímulos químicos de la infidelidad como la adrenalina y otros relacionados con emociones pasajeras. La diferencia con el anterior es que aquél tiene asociadas otros tipos de conductas como agresividad física o verbal y una serie de otros elementos

propios del enfermo. En cambio el adicto no, éste es percibido como una persona mucho más normal y no es agresivo en ninguna de sus formas.

Habiendo descrito la gama de infieles que pueden existir, sabiendo también que dentro de cada tipo hay matices, es mucho más fácil dilucidar a qué atenerse a la hora de tomar una decisión importante. Lo primero que hay que decir, es que no importa el tipo de infiel al cual nos enfrentemos, todos tendrán justificaciones para lo que hacen y todos pueden ser perdonados si la pareja así lo desea, eso es asunto de cada víctima.

Por definición el infiel único no puede ser reincidente y como aquí estamos hablando de perdonar o no una reincidencia, dejaremos de lado al infiel único. Cuando tú descubres la infidelidad de tu pareja, puede que no sea fácil saber de qué tipo de persona estamos hablando. Ya sabes que si has decidido continuar la relación, debes dejar muy en claro que no perdonarás una segunda vez. En este sentido, cuando un infiel de *affair* se convierte en reincidente puede deberse a la falta de un tratamiento adecuado de superación de la infidelidad, que llevó al matrimonio a mantener el mismo tipo de relación y comunicación de siempre, repitiendo patrones tóxicos perjudiciales para ambos.

Cuando el infiel paralelo se convierte en reincidente se debe a que existe una cuota similar de sentimientos afectivos tanto hacia su cónyuge como a su amante, por lo tanto no resiste por mucho tiempo la separación de su amante a quien comienza a echar de menos, más aún si hay hijos de por medio, siendo muy probable el término de su relación matrimonial legal.

En ambos casos, nuestra sugerencia es mantener la palabra empeñada "no hay un segundo perdón", ¿por qué?, porque un segundo perdón, rápidamente lo transformará en un infiel crónico. Además si no aprendió, no se motivó y no tomó el peso real del problema, después de haber visto el sufrimiento de su cónyuge, no lo hará nunca. Una segunda oportunidad sólo dará pie a una desvalorización de la víctima lo cual obviamente traerá consigo una tercera infidelidad. El interés de este infiel por permanecer en la relación, sólo se debe a intereses económicos, sociales, familiares, de seguridad y estabilidad por los hijos, pero no por amor genuino hacia su cónyuge.

De acuerdo a lo anterior, debe quedar muy claro que los infieles crónicos sea cual sea su tipo no deben tener oportunidades. La carencia de afecto hacia su cónyuge en estos casos es absoluta y presentan las siguientes características:

1) Una relación con un infiel crónico no es una relación de pareja real, es una relación sin sentido.

2) El infiel crónico carece de toda clase de amor hacia su pareja.

3) El infiel crónico puede ser una persona psicópata o enferma mental y por lo tanto peligrosa.

4) La infidelidad crónica puede implicar otros males como violencia intrafamiliar, alcoholismo y hasta conductas claramente delictivas.

5) La víctima de infidelidad en este caso se expone a contraer enfermedades de transmisión sexual de

todo tipo y hasta la muerte por SIDA, Sífilis ó Hepatitis B ó C .

6) La víctima se expone a ser agredida por el o la amante de su cónyuge por celos pasionales.

7) La víctima pasa la vida sufriendo y luchando contra la corriente.

8) La víctima tiene tan lastimada su autoestima, que se produce un círculo vicioso de dependencia de su cónyuge del cual es difícil salir.

Con todo esto, no es mi intención decir ni recomendarte que te separes o abandones a tu cónyuge. Esa es tú decisión, ya que desconozco otros matices en torno a tu relación de pareja y puede que exista la posibilidad de que continúen juntos en forma exitosa si reciben terapia. Sin embargo, en todo caso, debes recibir atención profesional de forma directa que te ayude a analizar el problema desde distintos puntos de vista y te permita sopesar cada variable para tomar una decisión responsable e informada. Siempre es bueno mantener el matrimonio, pero a veces hay casos imposibles o bien que no vale la pena ni el esfuerzo continuar.

¿Entonces qué debes hacer?

Lo primero es intentar determinar el tipo de infiel que es tu cónyuge, cualquiera de los tres primeros tiene grandes posibilidades de recuperación, los otros tres pueden tener alguna clase de tratamiento psicológico y/o psiquiátrico para superar su problema, pero las posibilidades de éxito no son alentadoras. Considerando que los tres últimos pueden ser clasificados como "enfermos", si ves que hay posibilidades de una mejoría real, puedes intentarlo, pero ya sabes a las consecuencias que te estás exponiendo.

Al momento de tomar la decisión de continuar la relación con un infiel REINCIDENTE o CRÓNICO, debes considerar 5 factores principales:

1) Tu integridad física: Toma en cuenta los riesgos que corres frente a este problema, como violencia física o contraer enfermedades.

2) Tu integridad psicológica: Implica cómo se verá afectada tu mente y tu propio "yo" frente a la decisión de continuar o separarse.

3) Tu dependencia económica: Es importante considerar cuánto dependes de tu cónyuge económicamente, evaluando todas las posibilidades al respecto en caso de separarse o continuar.

4) Tu adhesión familiar: Corresponde a la necesidad de permanecer unidos por diferentes ventajas familiares, o de separarse por las desventajas.

5) Tu integridad emocional: Son todas aquellas cosas que te permiten mantener cierta estabilidad emocional para poder desempeñarte normalmente en la vida diaria.

Si tu dependencia económica es baja y los dos primeros factores son bajos, deberás pensar en el bienestar psicológico, físico y económico de tus hijos y por lo tanto no permanecer en la unión conyugal.

IV.2) Qué NO es perdonar

En el libro de Robin Casarjian "Perdonar", la autora expone varias situaciones que NO son representativas del proceso de perdonar verdadero y que conviene reconocer.
Perdonar no es aceptar ni justificar conductas negativas o improcedentes ya sean propias o ajenas.

El perdón no quiere decir que apruebes o defiendas la conducta que te ha causado el sufrimiento, ni tampoco excluye que tomes medidas para cambiar tu situación o proteger tus derechos. Se puede sentir que es conveniente, incluso necesaria, una medida firme y decisiva, como el divorcio o el fin de la relación.

Perdonar no es hacerse de la vista gorda y negar lo sucedido. Se puede confundir el perdón de verdad con negar o reprimir la rabia y el dolor, sobre todo si hemos sido condicionados para sustituir sentimientos auténticos por otros que sean aceptables y que no conlleven el castigo o el abandono.

Perdonar no es adoptar una actitud de superioridad o farisea. Si se perdona a alguien porque se le tiene lástima o se lo considera tonto o estúpido, se confunde perdonar con ser arrogante.

El perdón no exige que te comuniques verbal y directamente con la persona a la que has perdonado. El perdón no implica decirle directamente "te perdono".

El motivo evidente de perdonar es liberarnos de los efectos debilitadores de la rabia y el dolor crónicos. Estas dos emociones son las que convierten el perdón en un desafío y a la vez una grata posibilidad para quien desee una paz mayor. La rabia u el rencor son emociones muy fuertes, cuando nos perdemos en la rabia y no escuchamos los sentimientos más profundos.

IV.3) Pasos para perdonar y salir de la trampa

Hay 4 etapas del perdón por las cuales es necesario transitar. No importa qué tengamos que perdonar. Si tu pareja te ha sido infiel y, a pesar del dolor que esto te ha producido y aún te produce, has decidido perdonar porque sabes que esto es lo que Dios espera de ti, reconoce que de nada sirve perdonar "de la boca para afuera". Hay que hacerlo de corazón, por tu propio bienestar emocional, mental y espiritual.

Considera los siguientes pasos y comienza hoy mismo el camino del perdón:

1) Decidir- Así como decidimos ser felices y amar a una persona hasta que la muerte nos separe, así también el perdón es un acto voluntario que pasa por una decisión, deliberada y comprometida, para liberarnos de la esclavitud del rencor y el afán de revancha.

2) Desistir – Dejarlo en paz, no para pasarlo por alto, sino para volverse fuerte a fin de desapegarse de la situación. Abstenerse de castigar. Tener paciencia, afrontar, canalizar las emociones. Practicar la generosidad

3) Resistir- No caer en la tentación de volver al pasado y reabrir la herida. Abandonar la deuda. Es una decisión consciente de NO volver a albergar resentimientos, lo cual también incluye renunciar a la determinación de desquitarse.

4) Olvidar – Apartarse del recuerdo, rehusarse a permanecer en el asunto. Olvidar es un empeño activo, no pasivo. El olvido consciente significa abandonar voluntariamente la práctica de obsesionarse, tomar distancia, sin mirar atrás, viviendo así en un nuevo paisaje, creando una nueva vida y nuevas experiencias en que pensar en lugar de las antigua.

¿Cómo puedes saber si ya has perdonado?

En opinión de la Dra. Clarissa Pinkola Estés, tiendes a sentir tristeza por las circunstancias en lugar de rabia, tiendes a sentir compasión por la persona en vez de sentirte enojado con ella. Comprendes el sufrimiento que condujo a la ofensa en primer lugar. Quizás no resultó ser un "felices para siempre" pero ahora estás mejor preparada(o) que antes para afrontar los retos del día a día del matrimonio.

Deepal Chopra nos dice en su libro "El perdón, cien reflexiones" que el proceso del perdón no se da de la noche a la mañana e implica, en muchas ocasiones, el hacer frente a una serie de etapas que surgen de experimentar situaciones trágicas, dolorosas o traumáticas en donde la posibilidad de perdonar puede resultar prácticamente imposible o inimaginable.

Ahora veamos algunas de las etapas por las cuales es importante atravesar. La primera de ellas se da en las primeras horas después de la tragedia o la situación que causó la herida dejando a las personas aturdidas con lágrimas en los ojos o nudos en la garganta: es el estado de shock.

Es importante que en esta etapa se lleven a cabo ciertas acciones sencillas tales como:

No perder el contacto con otros seres humanos,

Salir de sí mismo en busca de apoyo proveniente de seres queridos.

Reconocer las emociones negativas que se sienten y permitir que se liberen lentamente.

Orar, clamar a Dios por Su ayuda.

Posterior a la etapa de shock se encuentra la etapa en la que las emociones intensas salen a la superficie de forma más notoria y hasta racional. Muchas veces después de haber estado sepultadas por años pueden aflorar la ira, la angustia, la tristeza o el miedo y, cualquier evento -como un recuerdo del pasado- puede desencadenar estas respuestas emocionales.

La tercera etapa es la de querer actuar, ya sea para sanar o para cobrar venganza, o tal vez para apoyar a otras personas que estén viviendo la misma situación. Se abren entonces muchas posibilidades, y dependiendo de cuál opción se elija, el sufrimiento se perpetua o se alivia. Algunas de las opciones son las siguientes:

1) Resistirnos a volver sobre pensamientos negativos una y otra vez

2) Apartarnos de las conversaciones cargadas de negatividad

3) Mantener la estructura "normal" de la vida de la mejor manera posible, especialmente cuando hay niños en casa

4) Tratar de no estar solos, cenar en familia, permitir que los amigos nos ofrezcan consuelo, aunque estar cerca de otras personas nos cause dolor

5) Perdonarnos cuando nos sintamos víctimas pero tomar medidas para abandonar esa forma de pensar.

La siguiente etapa emerge cuando el dolor queda suspendido a un nivel sutil, como una especie de neblina gris, en lugar de la herida. Disminuye el sufrimiento agudo y con el paso del tiempo las emociones negativas -tipo rencor y resentimiento- desaparecen.

IV.4) **Perdonar, sanar y reconstruir la relación**

Jaime y Tania son ahora una pareja ejemplar. Pero no lo fueron por muchos años de su matrimonio. Se casaron muy jóvenes, tal vez demasiado. El le fue infiel 4 veces a lo largo de los primeros 10 años de casados y ella se lo fue 3 (dice que por revancha). Tenían dos hijos en el momento en que decidieron divorciarse. Se habían hecho demasiado daño y, aunque los niños estaban pequeños, se divorciaron casi odiándose. Como tenían la custodia compartida, Jaime pasaba a recoger a los niños cada quince días pero no se veían porque la encargada de abrir y cerrar la puerta era la mamá de Tania. La separación fue terrible para ambos. No lograban enamorarse nuevamente ni ser felices. Sus amantes de juventud habían sido solamente eso: amantes, meros objetos sexuales. Jaime y Tania se amaban el uno al otro, a pesar de todo…o eso fue lo que descubrieron después de que cada uno, independientemente, tuviera un acercamiento a Dios, de manera profunda y verdadera y comenzaron a asistir a la iglesia, casi al mismo tiempo y oh, gran coincidencia, a la misma iglesia!...No lo sabían, porque la congregación era muy grande –de más de 5,000 miembros- y era muy difícil encontrarse de casualidad…pero para Dios no hay ni casualidades ni coincidencias…una tarde de domingo después del servicio, los dos decidieron pasar por la cafetería a comer algo y oh sorpresa, se encontraron haciendo la misma larga cola para pagar....Ya llevaban 4 años de divorciados para aquel entonces....Se pusieron a conversar con naturalidad...Jaime le pidió para sentarse a tomar café juntos....Compartieron sus experiencias de conversión religiosa y despertar espiritual....De allí en adelante, Tania aceptó asistir con Jaime al servicio dos veces por semana, los domingos y los miércoles y quedarse a conversar y tomar café ....Al cabo de 6 meses de entender que eran dos personas diferentes a pesar de seguir siendo los mismos, Jaime la invitó a caminar por la playa y le pidió para casarse otra vez...Tania le dijo que primero debía confesarle algo: ella había quedado embarazada de otro hombre, en el tiempo que estuvieron divorciados, que el padre biológico no la había reconocido y que la niña ya tenía 2 años. Jaime le ofreció darle su apellido y aceptarla como propia. Tania se dio cuenta del gran cambio de quien fuera su marido y al cabo de poco tiempo se casaron en la misma iglesia en la que su historia de amor tuvo un segundo comienzo.

El mensaje más claro de este caso es que el verdadero amor, el amor ágape, el amor que viene de Dios, es el que perdona y olvida, el que acepta que así como el otro comete errores, así uno mismo los comete...y que ambos pecadores pueden cambiar si desean que Dios los cambie!

El final feliz de esta historia es aleccionador. Esta pareja lleva otros 10 años de casados en segundas nupcias y esta otra década ha sido espiritualmente esplendorosa. Y ya se imaginarán la alegría de los hijos!

En el caso de estos esposos, la vía espiritual fue el camino adoptado que les permitió sanar individualmente, sanar la relación y reconstruir su matrimonio sobre una base sólida. Otra de las vías es la terapia de pareja. Lo que sí es cierto es que son muy pocas las parejas que logran restaurar sus matrimonios sin ayuda externa.

IV.5) **Perdonar y dejarlo ir**

Tal como he venido diciendo, perdonar es imprescindible para el bienestar emocional y espiritual de la persona que fue víctima de una infidelidad. Pero la mayoría opta por dejar ir a quien cometió adulterio. Y con justa razón.

Porque inclusive los cristianos saben que el divorcio fue justificado por Jesucristo en el caso de inmoralidad sexual de uno de los dos (o los dos) como se nos enseña en Mateo 19.

Tal vez lo menos difícil sea dejar marchar a la persona físicamente pero una cosa muy distinta es dejar ir a la persona emocionalmente. Muchas víctimas del adulterio se continúan torturando y atormentando a sí mismas por mucho tiempo después de la salida del infiel de sus vidas. Y esta actitud destruye más a la persona que la traición misma.

A mis pacientes con este tipo de problema les pido memorizar y repetir la siguiente frase, deidcada a quien los traicionó, cada vez que sea necesario: " Te perdono, te bendigo y te dejo ir".

Por qué "te bendigo"? Porque el verdadero perdón ya no siente resentimiento, ya no siente rencor, ya ni siquiera siente amargura con respecto a lo pasado. Se compadece a la persona que nos hizo daño y se la bendice para que Dios tenga misericordia de su alma.

Dejar ir a alguien se vuelve más y más fácil a medida que aprendemos a aceptarnos, apreciarnos y amarnos tanto por quienes somos como por lo que no somos.

Una de las cosas más difíciles de la vida es dejar ir a quienes más amamos por corto o largo tiempo. Pero es algo que tenemos que aprender a hacer una y otra vez. Bien sea porque ya no nos necesitan o porque ya no sienten lo mismo, es saludable saber despedirse de nuestros seres queridos cuando el ciclo ha terminado.

"Algunas aves no nacen para estar encerradas, eso es todo. Sus plumas son muy brillantes y sus canciones muy dulces y salvajes. Así que las dejas ir, o cuando abres su jaula para alimentarlas, de alguna forma se escapan y vuelan. Y la parte de ti

que sabe que está mal tenerlas prisioneras se alegra, pero aun así, el lugar donde vives se siente vacío luego de su partida". (Stephen King)

Deepak Chopra lo explica contundentemente con estas palabras: "El amor le da la libertad a tus seres queridos de no ser como tú. El apego pide que se centren en tus necesidades y tus deseos. El amor no demanda nada. El apego expresa una demanda insostenible: *"Hazme sentir completo." El amor se expande más allá de los límites de dos personas. El apego intenta excluir todo lo que no sean estas dos personas."*

Puede que al principio duela, pero una vez que el dolor se vaya, te sentirás más viva que nunca. Comenzarás a ver las cosas desde una perspectiva completamente diferente y comprenderás que dejar ir es un signo de fortaleza, valentía y gran amor.

Incluso en caso de no haber sufrido una infidelidad, dejas ir a alguien no porque ya no te importa, no porque ya no los necesitas o porque ya no lo quieres en tu vida, sino porque comprendes que será más feliz en otro lugar. Y tú también serás más feliz en otro lugar. De eso se trata el amor de verdad.

Si no has encontrado una manera de estar en paz contigo misma, y si tampoco has encontrado la forma de ser feliz tu sola, entonces no serás feliz con la siguiente persona a la que ames. No puedes esperar que los demás te den lo que ni tú misma te puedes dar.

IV.6) ¿Es posible volver a confiar en los hombres?

Después de tanta constatación de su aparente naturaleza infiel... ¿Es posible si has vivido la experiencia de la infidelidad una y otra vez? En teoría, toda mujer inteligente y segura de sí misma responderá que sí a ésta y otras preguntas similares, pero lo que no sabemos es hasta qué punto podrá vivirlo en la práctica.

Marisela vino a mi consulta a confiarme la ruptura de su compromiso matrimonial con un hombre cristiano que parecía bastante buen candidato para ella. ¿La causa del rompimiento? Que ella no lograba confiar en él y que él la presionaba para casarse en un muy corto plazo, aunque ella no estaba todavía lista para ello. Y Marisela no lograba confiar porque su novio le decía que estaba haciendo todo lo posible por borrar imágenes tentadoras de su computadora y su celular y no mirar a las mujeres seductoras en la calle y el trabajo....mientras ella se decía a sí misma que si él necesitaba de tanto esfuerzo para mantenerse fiel....le iba a fallar de todos modos, si no lo había hecho ya. Sus fracasos amorosos anteriores habían sido todos con hombres que la engañaron, a pesar de parecer buenos y confiables. Mi nueva paciente me preguntó: "¿Qué hago para volver a confiar otra vez en los hombres?" y mi respuesta fue la siguiente:

- Date un tiempo para sanar. Espera a que la última herida cierre. Prepárate para el gran amor de tu vida leyendo libros de auto-ayuda sobre seguridad personal, autoestima y confianza.
- Sácate de la cabeza las consabidas frases; "ya no hay hombres", "ninguno quiere compromiso", "todos quieren sexo", etc. Son meros mecanismos que

refuerzan la fantasía del "hombre ideal" y te alejan de la posibilidad de encontrar uno bueno. Programa tu mente declarando que EL HOMBRE FIEL QUE DIOS HA ELEGIDO PARA TI ESTA EN TU CAMINO.

- Rescata la desfachatez juvenil, la audacia y la alegría. Desecha la imagen del "príncipe azul" en el horizonte de tus renovados sueños. Ya no eres una princesa vestida de rosa: te cabe la responsabilidad de lograr la madurez emocional y vivir a plenitud.

- Establece límites para ti misma. Si has salido con hombres en el pasado que querían ante todo una relación sexual sin un compromiso a largo plazo, opta por tener citas sólo con hombres que valoren una relación emocional y espiritualmente estable. O, si los hombres con los que tenías citas eran inmaduros y te pedían que hicieras todo por ellos, decide que vas a tener citas con hombres más responsables que sean maduros e independientes.

- Si has sufrido en el pasado, no culpes a tu nueva pareja de aquello que sucedió. Cada persona es un mundo y debes separar lo que ocurrió con otras personas en tu vida, y lo que ocurre con tu nueva pareja es algo distinto. No todos los hombres son iguales, ni nosotras las mujeres tampoco.

- Debes valorar a tu nueva pareja y saber que si está contigo es porque te quiere a ti y nunca querría hacerte daño.

- Si tu pareja no te ha dado motivos para desconfiar, debes hacer un esfuerzo para depositar toda tu confianza en él, ya que en la pareja lo primordial es la confianza y la honestidad.

- Si de todos modos tienes un problema de desconfianza, comunícaselo a tu pareja, quizá él pueda ayudarte. Es importante hablar con él de tus inquietudes y sospechas, y ver cómo reacciona al contárselas.

- No intentes modelar a tu hombre a la imagen de tus sueños. El hombre que está frente a ti es una realidad, no una imagen de lo que debería ser.

- Reconoce que el proceso de sanación que empiezas llevará tiempo y que mientras das pasos hacia adelante debes mirarte con compasión y ternura, confiando en ti misma y en Dios, quien es el único que nunca te falla.

IV.7) ¿Acaso todos los hombres son iguales?

Un grupo de investigadores de la prestigiosa Universidad Autónoma de México se dio a la tarea de comprobar la hipótesis de miles de mujeres que aseguran que "todos los hombres son iguales", proyecto que no fue nada fácil pero terminó en una interesante conclusión.

Esta frase contiene elementos de verdad y mentira al mismo tiempo, depende de la región geográfica donde viva la mujer que exprese este sentir, y fue una frase acuñada por Xan Li, esposa de Chen Chang.

Esta mujer perdió de vista a su marido durante un festival en Beijing y después de 3 minutos de buscarlo, se dio cuenta de que nunca lo encontraría porque todos los asistentes del evento eran muy parecidos a él, fue entonces que gritó "¡todos los hombres son iguales!".

Ahora bien, si fuera verdad que los hombres son todos iguales, ¿qué parte de la repetida lección no entendemos?... Porque volver a insistir con el mismo juicio evidentemente habla de nuestro actuar recurrente. Es decir si queremos obtener resultados diferentes, debemos actuar de otra forma, de manera distinta a como lo hicimos antes. Ya decía Einstein que "hacer lo mismo y pretender resultados distintos es sinónimo de locura".

El punto es que aquella afamada frase referida a los hombres ha sido mal interpretada. Desde que a alguien se le ocurrió crearla, ha sido usada como mensaje de resignación femenino; la utilizamos como pretendiendo explicar que "eso que sucedió" es obra maquiavélica de una criatura que por naturaleza "obra de forma egoísta, traicionera, embustera y posesiva".

Sin embargo, podemos aprovecharla a nuestro favor. Para muestra sólo hace falta un botón, que si Julio es igual a Pedro y éste a Manuel, basta con conocer a Julio para poder relacionarme con éxito con el resto de los varones. Dado que no son imprevisibles al ser todos iguales, han conservado el molde y conociendo a "uno" podemos conocer a todos.

Claro, a estas alturas dirás, "*bueno, pero no todos son iguales*"; sin embargo cuando alguno de ellos hace algo contrario a nuestros intereses, todos caen en la misma bolsa: Mentirosos, infieles, engreídos, ególatras, aburridos; nuestros hombres comparten rasgos que los caracterizan en su andar irresponsable. Aunque tú sabes que no todos los hombres son iguales, porque son diferentes personas, con experiencias propias, que los hacen particulares y diferentes al resto, a ti y a mí.

Desde esa presunción de negatividad iniciamos el camino del amor hasta que el lodo nos separa y decimos "los hombres son todos iguales" otra vez...los utilizamos de chivos expiatorios y nos vamos al desván a comer helados, prometiendo "no volver a enamorarnos nunca más".

Pero todo este show no es bueno para nosotras; pues de esa forma evitamos detectar que tuvimos que ver con eso que pasó, que somos tan responsables como ellos.

Y tal vez no estés muy de acuerdo con lo que digo; y las disidencias son aceptadas, pero no te anticipes por favor. Lo que digo es que si alguien nos trata como "alfombras" es porque nosotras hemos permitido que eso ocurra. Una mujer puede conocer a un hombre y en un tiempo recibir un "maltrato" y excusarlo diciendo que "Seguramente está nervioso" y dejar pasar por alto esa "luz roja" por el amor y las ilusiones que se tienen.

Recuerda, nosotras le enseñamos al otro cómo queremos ser tratadas y aunque eso implique "cortar los lazos", nosotras somos responsables de cómo nos tratan... sin importar cómo sean los hombres

Mientras más nos creamos tan bien cimentada mentira, menores las posibilidades de encontrar un hombre "diferente". Nuestra mente se ha programado para atraer el mismo tipo de hombre una y otra vez. Es hora de romper el molde y pensar lo mejor del sexo opuesto. Hay hombres buenos, fieles y honestos en este mundo. Sí, los hay. Son pocos, pero son!

Dicen que todo depende del cristal con el que se mire. Y así es. El mundo de las percepciones es fascinante y en el proceso de conocer al otro influyen las ideas previas que tengamos sobre las personas. Esto aplica para hombres y mujeres. Tal vez algunas decepciones nos impidan ver más allá y sea difícil encontrar a una persona que rompa el molde preconcebido. Aun así, deberíamos darnos la oportunidad de admirar las pequeñas diferencias, porque cada humano tiene una historia de vida irrepetible.

Cada persona es distinta tanto interna como externamente. Cada experiencia, lectura o persona que se cruza en nuestro camino va construyendo poco a poco nuestro ser. ¿Cómo pueden ser, entonces, dos personas iguales? Ni siquiera los gemelos idénticos lo son. Pero, como dijo alguna vez Einstein: "es más fácil desintegrar un átomo que un prejuicio".

IV.8) **Sepultando el pasado y liberando tus emociones atrapadas**

La relación de pareja es la más difícil de todas las relaciones humanas porque es la única que incorpora todos los tipos de intimidad, incluido el sexual, y para llegar a tener verdadera intimidad con alguien tenemos que liberar nuestras emociones atrapadas, lo que supone no cargar con el peso del pasado sobre las espaldas, no vivir aferrados a los recuerdos de los amores idos, no repetir los patrones fallidos de relaciones amorosas anteriores, vivir en el presente el nuevo amor, a plenitud, mirando al futuro con esperanza, construyendo un nuevo escenario desde nuevas emociones.

Descubrí una excelente metáfora sobre las emociones en el website de Iciar Pierà, que voy a reproducir con algunos cambios de mi cosecha. Me pareció un buen ejemplo de cómo procedemos, desde nuestras emociones atrapadas, cuando las mujeres solteras acabamos de conocer a un hombre interesante pero nuestros temores nos mantienen a la defensiva.

Imagínate la siguiente situación. Te acaban de presentar a alguien. En una primera impresión parece una persona alegre, simpática, inteligente. Siempre es bueno conocer a alguien nuevo con el que poder pasar un buen rato, piensas. En ese momento imagínate que de tu corazón empieza a salir un sentimiento de "interés" en forma de mariposa. Esa persona ha conseguido despertar tu interés y eso ha generado una emoción en ti que sale en forma de energía positiva.

Para la metáfora le daremos a esa energía la forma de una mariposa. La mariposa sale de tu corazón y empieza a avanzar, pero de pronto se encuentra con una niebla más o menos densa. Se adentra en esa niebla, toda confiada, y empieza a transformarse. Esa niebla son tus emociones atrapadas. Imagínate que tienes una emoción, probablemente más de una, de "desconfianza". A medida que la mariposa empieza a atravesar la niebla, se transforma. Va perdiendo parte de sus bonitos colores. Cuando consigue salir, ya transformada, tu mente empieza a decirte cosas como: seguro que no es de fiar, seguro que es tan encantador con todas, de hecho apenas le conozco... ¿Te suena familiar?

La mariposa ha seguido avanzando y se encuentra con otra niebla, esta vez más densa y espesa. Pongamos por caso que se trata de una emoción de "inseguridad". Cuando se adentra empieza a hacerse más pequeña y en tu mente puede que empieces a pensar: de que hablaré con él, no tengo conversación, hay gente más interesante en esta fiesta que yo....

La mariposa sigue avanzando pero ahora además de haber perdido parte de sus colores, también ha disminuido de tamaño. Pero sigue avanzando y se encuentra con un muro. Ese muro del corazón está constituido de múltiples emociones atrapadas que hemos ido acopiando fruto de nuestras experiencias pasadas. Lo creamos para protegernos, quizás alguien nos hizo daño y decidimos que nunca nadie más lo haría y creamos esa especie de protección. La mariposa se encuentra el muro y no puede atravesarlo. Le gustaría seguir avanzando pero no tiene ni la fuerza ni el coraje de hacerlo. Y muere.

En ese momento pensamos que seguramente esa persona no vale la pena. En el fondo no se está tan mal sólo. Ya lo dice el refrán piensas: "más vale sólo que mal acompañado". Vuelves a casa pero no te sientes bien. La muerte de esa mariposa te ha dejado un pozo de tristeza, un sinsabor, un nudo en la garganta que tarda en irse.

Las emociones atrapadas actúan como un muro o una niebla que nos aísla de los demás. Toman el control sobre lo que pensamos y sobre como actuamos. Condicionan nuestros actos y nuestra manera de relacionarnos. Puede que pienses que nos protegen pero en el fondo nos aíslan, nos hacen comportarnos lejos de nuestra esencia que es el AMOR. Nos mantienen encerrados en una caja.

En mi opinión personal, una de las vías para liberar las emociones atrapadas en la relación de pareja es la COMUNICACION INTIMA.

La comunicación íntima es la comunicación de LA VULNERABILIDAD.

Esta palabra emana del latín y está conformada por tres partes claramente diferenciadas: el sustantivo vulnus, que puede traducirse como "herida"; la partícula –abilis, que es equivalente a "que puede";

y finalmente el sufijo –dad, que es indicativo de "cualidad". De ahí que vulnerabilidad pueda determinarse como "**la cualidad que tiene alguien de poder ser herido**".

En mi modesta opinión, la vulnerabilidad es una de las virtudes más preciosas que puede llevar un ser humano a la relación de pareja. Quien se sabe vulnerable, ama corriendo el riesgo...el peligro reside en que al abrir nuestro corazón al otro, al dejarlo completamente al descubierto, nuestra pareja tome un cuchillo, nos hiera y comencemos a sangrar...y todas sabemos lo que cuesta cerrar heridas...y tal vez por eso muchas de nosotras nos negamos a la posibilidad de volver a enamorarnos...por temor a sufrir, por temor a ser vulnerables....

Pero en realidad, la vulnerabilidad, más que un estado que debe esconderse ante una sociedad que a través de los siglos nos ha inculcado que debemos ser "fuertes" y no demostrar nuestras "debilidades", podría convertirse en una emoción positiva que nos une como seres humanos. De hecho, se conoce que en las comunidades donde las personas se muestran más vulnerables existe un mayor grado de cohesión ya que todos sus miembros saben que necesitan uno del otro. Así, la vulnerabilidad no es un estado que se deba ocultar a rajatabla sino que nos puede ayudar a conectar con otros seres humanos.

Un refrán popular afirma que "no sabemos lo que tenemos hasta que no lo perdemos" y la vulnerabilidad vendría siendo una sensación que nos permite apreciar en el aquí y ahora todo lo que poseemos. Es decir, saber que somos vulnerables a algo (sin importar de qué se trate) nos ayudará a valorar mucho más nuestro presente y a vivir de forma más plena cada instante. Si asumimos que somos personas vulnerables (y realmente lo somos tanto que nos asustaríamos si tan solo consideráramos una pequeña parte de los riesgos que corremos en el día a día) podríamos aprender que el "aquí y el ahora" es todo lo que tenemos para ser felices en el amor.

Habla con tu pareja. Ábrele tu corazón, entrégale tu corazón en la mano, atrévete, arriésgate, sé vulnerable, comunícate íntimamente, no temas, no desconfíes: piensa lo mejor, siente lo mejor, habla lo mejor. Y ama hasta que duela!

IV.9) **Elevando tu nivel de exigencia en la nueva búsqueda**

En las conferencias que dicto para solteros suelo enfatizar en la importancia de dedicarle mayor tiempo y esfuerzo a la búsqueda de pareja. Cuando las heridas han cerrado y la persona está sana emocional y mentalmente, es hora de hacer algo, de moverse, de actuar con persistencia y determinación.

Uno de los motivos por los cuales la mayor parte de mujeres cae en las redes de un hombre deshonesto es porque se conforman con poco y aceptan al primero que les sonríe y dice cosas bonitas al oído. Tenemos que subir nuestro nivel de exigencia si anhelamos algo bueno y duradero.

Pregúntate qué es lo que buscas, qué tipo de relación exactamente: Una de largo plazo, exclusiva, con miras al matrimonio o sólo amistad para conocer gente interesante y tener nuevos pretendientes.

Pregúntate qué tipo de persona quieres atraer. Escribe sus características físicas, psicológicas y espirituales.

No pidas lo que tú no puedes dar....Si quieres un hombre atlético y musculoso, comienza por perder tú todo el peso que te sobra...Si quieres un hombre fiel, que no te traicione con otra...predica tú con el ejemplo primero!

No pierdas tiempo en relaciones que te alejen de tu objetivo...Si lo que quieres es contraer matrimonio, salir mucho con diferentes candidatos, sin decidirte por uno en concreto, no te conducirá a buen puerto.

Nunca se sabe dónde se puede encontrar a quien podría pasar de ser un desconocido con el que conversaste en el supermercado a algo más....Sal a la calle cuidando tu imagen personal...Nunca sabes las sorpresas con las que Dios quiere alegrar tu día!

Emplea todos los tipos de estrategias para lograr tu objetivo: Las tradicionales y las no tan comunes. Pídele a tus amigos que te presenten candidatos, asiste a actividades de tipo artístico, cultural o deportivo donde puedas conocer gente, forma parte de algún ministerio de tu iglesia, conoce gente allí y cultiva amistades.

Dependiendo de lo importante que esto sea para ti, dedícale tiempo y esfuerzo...tal como si se tratara de buscar empleo!

Una vez que comiences a salir con potenciales candidatos, no te desalientes cuando te rechacen o las cosas no marchen a la velocidad que tú quisieras: hasta los golpes sirven de lecciones.

Recuerda que también en el arte del DATING, la práctica hace al maestro.

Ten presente que todo lo que hagas por superarte como ser humano, por crecer emocional y espiritualmente, redundará en tu beneficio y en poder encontrar a tu alma gemela, la que estará "a tu nivel" en la medida en que tú te hayas elevado hacia ella proyectando "tu mejor tú".

Y no olvides que ciertamente Dios pondrá en tu camino a la persona que Él ha elegido para ti, si tú estás preparada para encontrarla!

Cuídate, ámate y no descuides tu físico, haz ejercicio o dieta para que tengas una apariencia saludable y atractiva.

No te entierres en el sillón, si te quedas los fines de semana o días libres en tu casa estás perdiendo la oportunidad de relacionarte y conocer ese alguien especial, aprovecha todas las fiestas e invitaciones que te hagan, uno nunca sabe dónde pueda encontrar a esa persona ideal. Conviértete en un ser más sociable y divertido:

Elimina de tu objetivo a los (las) separados (as). Lo peor que puedes hacer es salir con una persona que aún está casada (aunque lleve meses separado de su pareja) ese tipo de relaciones solo te quitan el tiempo y además al final terminarás con tu autoestima por los suelos, sin contar que si te llegas a casar con esa persona cargarás a tus espaldas con la culpa de haber destrozado un hogar (aunque no sea verdad, siempre te echarán a ti la culpa).

No fuerces a nadie a que te ame, si alguien te pide tu teléfono pero no te llama, entonces no está interesado y punto final, no puedes ni debes llamarlo porque entonces vas a sufrir. El caballero "caza", la dama "espera".

No vivas atrapada (a) en una relación de fantasía, con alguien que sea inalcanzable.

Advertencia: Un hombre no es lo suficientemente tímido cuando quiere algo en realidad, no existe algo como un hombre demasiado tímido como para no salir a buscar el trabajo de sus sueños, o como para estudiar algo que en realidad quiere aprender, por muy tímido que un hombre sea, siempre encontrará el valor para invitarte a salir si de verdad le interesas., ¡no sigas perdiendo tu tiempo! Mejor busca una relación mas real.

No puedes quedarte cruzada de brazos. ¡Dios quiere que te muevas!

Si realmente quieres casarte pronto, empéñate en buscar pareja como buscarías empleo.

Prioriza los contactos con gente de tu área (30 millas de distancia como máximo). Dile NO a las relaciones de larga distancia.

No pierdas el tiempo saliendo con aquellos que no son tu tipo pero si te toca uno en el camino, tómalo como parte del "training" y saca alguna lección del encuentro.

Trázate un plan de citas y cúmplelo: Por ejemplo salir por las noches dos veces por semana (viernes y sábado). ¡Lo peor que puedes hacer es quedarte lamentándote en casa!

Practica hasta que llegues a dominar el arte de impactar en la primera cita. ¡De ello dependerá que exista una segunda!

Evita involucrarte sexualmente.

Busca hablar de temas profundos cuando te interese la persona que tienes al frente: A mayor conocimiento mutuo, mayores probabilidades de enamorarse.

Una vez se ingresa al *"dating exclusively"* hay que invertir en la relación.

Recuerda que el amor es mucho más que un sentimiento: Es una opción.

Ten en cuenta estos otros 8 pasos que te ayudarán a elegir mejor y evitar sufrimientos innecesarios:

1 Repasa tu pasado. ¿Qué aspectos de tus anteriores relaciones te han hecho sufrir? ¿Qué actitudes o tipos de personas no te convienen?

¿Qué es lo que no estás dispuesta a tolerar o a repetir?

2 Cuando ya sabes lo que no deseas, rememora los aspectos positivos de tus relaciones anteriores: ¿Qué echas de menos? Por ejemplo, tener una persona cariñosa a tu lado o alguien que realmente sepa escuchar. Enumera las virtudes de tus anteriores relaciones y parejas, aquello que te gustaría volver a vivir.

3. Es posible que al hacer esa lista te asalten la tristeza, la nostalgia e incluso el temor de no volver a encontrar una persona que te quiera de verdad. Está bien, no huyas de las emociones intensas. Respira hondo, deja que te atraviesen y no luches contra ellas, no te juzgues o te critiques.

4. Ahora ya sabes qué es lo que no quieres, y también lo que sí quieres. Incluso has dejado que los recuerdos dolorosos afloren a la superficie y con ello se vuelvan más dulces y menos incómodos. Sigamos con la lista.

5. Da rienda suelta a tu voz interior y escribe sobre tu futura relación. Déjate llevar. No se trata de

escribir un texto perfecto ni de que nadie lo lea. Es una hoja de ruta para ti misma. Tampoco te obsesiones intentando controlar todos los detalles. Dios tiene sus propias ideas al respecto. Piensa sobre todo en las cualidades que te gustaría encontrar en tu nuevo compañero, y deja que Dios se encargue de detalles como su altura, su profesión o el color de sus ojos. Por ejemplo, puedes poner: que me resulte físicamente atractivo, que sea una persona generosa, que no mienta, que cumpla su palabra.

6. Incluye en la lista los aspectos negativos, para tener bien claro que no son negociables y que no vas a volver a pasar por ahí. Puedes decirte a ti misma "nunca más un hombre que me haga sentir insegura con su actitud hacia mí" o "que critique mi físico". Y después, comprométete contigo misma a cerrar la puerta a ese tipo de actitudes.

7. Utiliza la visualización, es una herramienta muy poderosa para crear una imagen mental de lo que queremos. El cerebro no distingue si la "película" está sucediendo en la realidad o en la imaginación. De modo que si visualizas algo placentero, tu

organismo generará hormonas del bienestar que te harán sentir mejor. Además, la sensación penetra en la mente subconsciente, que es donde habitan creencias como "no merezco", "no va a salir bien" o "nunca encuentro lo que busco".

8. Continúa orando para que Dios ponga en tu camino a la persona por El elegida cuando tú estés lista para recibirla.

IV.10) **Posponiendo el sexo para no perder objetividad**

Voy a hablarles aquí desde mi propia experiencia personal como mujer que ha buscado toda su vida hacer la voluntad de Dios y actuar de acuerdo a Sus mandatos.

Tuve una etapa –afortundamente corta- en la que caí en lo que el mundo sugiere como opción válida: el sexo fuera del matrimonio. Como viuda, y después de haber conocido solamente un hombre durante 28 años, desde mi adolescencia hasta que nos separó la muerte, me costó volver al mundo del "dating", sobre todo siendo tan ingenua. Como llegué a los EEUU -después de enviudar- a hacer una Maestría en una Universidad privada, el ambiente juvenil me motivó a explorar las ideas americanas y el estilo de vida gringo y terminé "modernizándome", sobre todo después de decidir escribir mi tesis sobre el fenómeno del *Online Dating*. Mi elevada moral bajó su estándar. Y supe del dolor de perder la virginidad en todos sus niveles.

Gracias a Dios, después de tanto desengaño y golpe, he regresado a los caminos de Dios y desde esta nueva postura escribo sobre la necesidad de posponer el sexo, de preferencia hasta la noche de bodas. ¿Por qué? Porque lo que nos destroza como mujeres después de cada ruptura es el LAZO DE ALMA que se produce a raíz de la unión sexual con cada hombre que nos rompe el corazón.

Desde Abril del 2014 en que terminé con mi novio de 4 años, con quien creí me iba a casar y tuve una vida sexual activa, no he tenido relaciones sexuales con ninguno de los otros hombres que me han pretendido. Han sido dos cristianos que se interesaron en mí sabiendo que no les iba a dar sexo. Por el mismo hecho de entender que debíamos esperar, entendí que eran cristianos comprometidos con su fe. Pero otros problemas me demostraron que ninguno de los dos era el hombre que Dios había elegido para ser mi esposo. Al romper, no sufrí. No lloré como lo había hecho con los anteriores con los que sí tuve relaciones sexuales. No me sentía dividida, escindida, porque no les había dado mi cuerpo. Sentí solo la típica pena que se experimenta al decirle adiós a un amigo. Pero nada más. Y la recuperación fue casi inmediata. Sin sexo no hay lazo de almas y nada te ata a esa persona. La puedes dejar ir con la misma facilidad con que llegó a tu vida.

Por eso, por nuestro propio bien emocional y espiritual, creo que el mandato bíblico de "No fornicarás" tiene el mayor de los sentidos.

Las relaciones sexuales fuera del matrimonio pueden conducir al egoísmo y un enfoque en la auto-satisfacción. Ellas pueden hacer que las personas sientan que están compitiendo con otras a quienes su pareja puede encontrar más atractivas. Fomenta la inseguridad y el egoísmo, porque cuando se está sexualmente intimando, la tendencia es a pedir más y más y a depender del otro.

Los lazos que forman la actividad sexual nos unen fuertemente a la otra persona, así que si hay una ruptura, el dolor resultante es más intenso. Cuando no has estado intimando físicamente y decides separarte, la separación es menos devastadora.

Las relaciones sexuales tienen el poder de unir firmemente dos personas a través del placer de la carne y pueden prolongar una relación no saludable basada en la atracción física o la necesidad de intimidad. Una persona puede sentirse "atrapada" en una relación que le gustaría terminar, pero no puede encontrar la salida. Una persona que no está teniendo sexo puede romper más fácilmente el vínculo emocional con el otro, porque no ha habido tal intimidad poderosa a nivel físico. Por otra parte, la abstinencia es el mejor método para prevenir las enfermedades de transmisión sexual y el embarazo.

IV.11) ¿O tal vez sea mejor quedarse sola? La Dignidad está primero

La opción de la soltería para una mujer que ha sufrido un sinfín de decepciones en manos de hombres infieles, no tiene nada de loco ni ilógico. Bien dice el refrán que "mejor sola que mal acompañada"...La experiencia propia me ha enseñado que las mujeres sí podemos vivir sin sexo, -por apasionadas que seamos cuando tenemos hombre-, sobre todo si nos entregamos por completo a la vida en el Espíritu, que es la que vengo practicando desde que terminé con mi segundo novio a fines de Abril del 2014, como les decía anteriormente.

Desde entonces he tenido pretendientes pero han sabido respetar mi opción de no tener relaciones pre-matrimoniales.

Para personas como yo, que tenemos una elevada misión en esta vida, a la que dedicamos gran parte de nuestro tiempo, la opción de la soltería es válida y hasta aconsejable. Bien lo decía el apóstol Pablo en 1 de Corintios 7:32-36

"Quisiera, pues, que estuvieran sin distracciones. El soltero se preocupa por las cosas del Señor, de cómo agradar al Señor; pero el casado se preocupa por las cosas del mundo, de cómo agradar a su mujer. Hay asimismo diferencia entre la casada y la doncella. La doncella se preocupa por las cosas del Señor, por ser santa tanto en cuerpo como en espíritu; pero la casada se preocupa por las cosas del mundo, de cómo agradar a su marido."

No pretendo convencer a todas las viudas de no volverse a casar, pero sería una excelente opción si tienen vocación para la soltería y la total dedicación al Señor. Tampoco es un intento de desprestigiar la vida en pareja. Me alegro que haya gente que sea feliz de esa manera. Sólo busco hablarles a aquellas personas que, aunque no hagan aspavientos de su estatus civil, sé que existen: aquellas que vivimos nuestra soltería de forma plena y feliz.

La psicología moderna, la sociedad, la abuelita, la vecina metiche y nuestros familiares y amigos nos han llenado la cabeza de una orden: Estar en pareja o irse de monje a un convento. ¿En qué momento borramos de un plumazo o tiramos por un lado las páginas de vida que admiten la soltería como una alternativa tan digna y plena como las demás?

Las personas que han decidido estar solteras y las que lo están "provisoriamente", deben aprender a manejar la soledad, su gran compañera, pero que puede convertirse en su peor enemigo. Hay muchas personas casadas que viven muy solas, por lo que la soledad no acompaña únicamente a los solteros.

La soltería debe ser una oportunidad para crecer como personas, controlar nuestra conducta, tener experiencias vitales importantes diferentes a las de vivir en pareja. Rodearse de la familia, amigos, conocidos con los que compartir buenos y malos momentos es fundamental para no amargarse la vida ni hundirse en el silencio.

Para ello debemos evitar las rutinas conocidas como "manías de soltero" que nos etiquetan. Hay que estar abiertos al mundo. No hay que preocuparse en exceso y sí ocupar el tiempo, saliendo a buscar experiencias y oportunidades. Debemos huir de la autocompasión y resignación.

Ser generosos para evitar las exclusividades, compartir nuestro tiempo, nuestro espacio con aquellos que nos necesitan, escuchando y dando consejos, apreciando otras formas de pensar y hasta compartiendo las propias dificultades y las alegrías con otros o las de otros.

Para ser una mujer llena de vida y gozo no se necesita tener un hombre al lado. Basta con tener al único que nunca falla: Dios.

IV.12) **Los 7 Pasos de la Reprogramación Mental**

Si la soltería no es para ti y has decidido volver a intentar una relación amorosa, será tu deber REPROGRAMAR TU MENTE para NO ATRAER NI UN HOMBRE INFIEL MAS A TU VIDA.

Cuando tú te dices a ti misma que los hombres infieles son los únicos que se te acercan, estás en el terreno de una PROFECIA AUTOCUMPLIDA.

Una profecía autocumplida o autorrealizada es una predicción que, una vez hecha, es en sí misma la causa de que se haga realidad.

La profecía que se autorrealiza es, al principio, una definición «falsa» de la situación que despierta un nuevo comportamiento que hace que la falsa concepción original de la situación se vuelva «verdadera».

La gente no reacciona simplemente a cómo son las situaciones, sino también, y a menudo principalmente, a la manera en que perciben tales situaciones, y al significado que le dan a las mismas. Por tanto, su comportamiento está determinado en parte por su percepción y el significado que atribuyen a las situaciones en las que se encuentran, más que a las mismas. Una vez que una persona se convence a sí misma de que una situación tiene un cierto significado, y al margen de que *realmente* lo tenga o no, adecuará su conducta a esa percepción, con consecuencias en el mundo real.

La causa principal de que no consigas ningún hombre fiel, es simplemente que tu mente subconsciente, no está totalmente convencida de poder lograrlo, como lo está tu mente consciente al principio. Esto implica el hecho de que antes de empezar una nueva búsqueda y antes de enrolarte en las sendas del éxito, debas auto-convencerte a todo nivel, de que podrás lograrlo. Este es el primer paso para triunfar rotundamente, y para garantizar tus resultados, luego de tener claro lo que deseas.

¿Cómo Convencer a la Mente Subconsciente?

De la misma manera como se ha convencido de otras cosas todo este tiempo: a través de la **repetición**. Tu mente subconsciente es como un niño distraído. Siempre estará pensando en muchas cosas al mismo tiempo, con baja concentración y poco enfoque.

Aparte de esto, tendrá creencias limitantes forjadas en el pasado. Tenderás a pensar que no es posible lograr algo, por aquellos pequeños fracasos que cosechaste tiempo atrás. Y tu mente te dirá que es mucho más seguro no hacer nada, y quedarse quieta, que actuar... porque de esa manera evitas cualquier riesgo posible. Y no puedes olvidar que tu mente proviene de una genética antigua, y aún tiene rastros de genes obsoletos, por lo que tendrás que tratarla como tal.

Una buena manera de fomentar la repetición para el auto-convencimiento, es leer muchas veces un párrafo con tus deseos y metas. O mejor aún, escribirlo muchas veces. Pero no 20 ó 30. Escribir entre 100 y 200 veces (sí, en papel y con lápiz) el primer día, lo que deseas: ME ENAMORO DE UN HOMBRE FIEL. ESE HOMBRE FIEL ESTA EN MI CAMINO. Y posteriormente, estar pendiente de tus metas analizando cómo te fue en el día, qué hiciste para mejorar y cómo planeas acelerar tu paso.

A continuación te regalo **7 pasos para REPROGRAMAR TU MENTE para el triunfo amoroso**:

1.-Haz un análisis de tus pensamientos diarios, eres lo que piensas y si piensas de forma negativa eso es lo que siembras. Para poder hacer una reprogramación mental, primero debes comprender qué pensamientos están arraigados en lo profundo de tu ser. Lleva un registro de los pensamientos negativos, de las veces que te dices "no puedo", de los minutos dedicados a pensar en las experiencias de fracaso amoroso del pasado. Este ejercicio te permitirá conocer qué es lo que debes cambiar y te hará consciente del porcentaje de pensamientos negativos o positivos que tienes en el día a día.

2.- Establece bien la meta clara que quieras conseguir. Si sabes cuál es tu meta busca inspiración en la lectura de libros de superación personal, sigue el camino de quien ya logró sus metas. Piensa en esa meta cada día para que tu deseo se grabe en la mente subconsciente. Aunque parezca que la realidad es cruel contigo y que en tu vida sólo hay problemas, debes aferrarte a la idea de que tu meta se realiza. Cambiar paradigmas es complicado pero no te rindas.

3.- Escucha audios de reprogramación mental antes de dormir mientras te imaginas lo que deseas en la vida *como si ya estuviera sucediendo,* esta es la clave para reprogramar tu mente subconsciente. Si manifiestas tu meta como algo que se instala en un futuro lejano nunca la verás realizada porque el futuro siempre está delante del ahora. Debes imaginar que tu meta se realiza hoy, visualiza tu éxito antes de dormir porque en ese momento la mente subconsciente está más receptiva y lograrás la reprogramación anhelada. Háblate antes de cerrar los ojos, diciéndote solamente cosas buenas y positivas y ora, ora para que Dios te conceda los deseos de tu corazón.

4.- Escucha los audios de meditaciones guiadas y dedica un tiempo cada día para meditar, cuando tu mente está relajada se encuentra en mejor disposición para aceptar ideas nuevas, implementarlas y trabajar en consecuencia produciendo un cambio; quizá al principio te parezca una actividad complicada porque no estás acostumbrado a dedicarle esos minutos de reflexión y quietud a tu mente, continúa a pesar de las dificultades iniciales, poco a poco verás cambios en tu vida.

5.-Cada día, al despertar, escucha tu grabación con afirmaciones, repite tus afirmaciones de éxito amoroso. Haz tus afirmaciones con convicción, sin sombra de temor o duda para que tu mente subconsciente acostumbrada a la escasez se reprograme en términos de fidelidad y felicidad en el amor. Repite las afirmaciones cada día, aunque no veas resultados inmediatos, no dejes que se instalen pensamientos de escasez o duda en tu mente consciente porque eso es lo que obtendrás.

6.- Elimina los pensamientos negativos que detectes, ten a la mano tus afirmaciones de amor, fidelidad y felicidad de pareja. Pronuncia la afirmación en voz alta para que neutralices el poder del pensamiento negativo. Con el paso del tiempo verás que tu mente subconsciente comienza a darte ideas que estarán en concordancia con tu meta. Es hora de pasar a la acción, en cuanto tengas una idea transformadora ponla en práctica, solo de esta manera se completará el círculo de reprogramación mental pues al ver el triunfo te acostumbrarás a él.

7 .- El poder de la mente subconsciente es asombroso, para lograr la reprogramación practica las técnicas de visualización, imaginación, agradecimiento, meditación y conexión con Dios a través de la oración y la lectura de Su Palabra. Confía en que para Dios no hay nada imposible.

Todas estas técnicas darán resultado si eres constante y disciplinada. La transformación no se logra de la noche a la mañana, pero con seguridad lograrás el éxito si trabajas diariamente para conseguirlo. No sólo debes reprogramar tu mente también debes llevar a la práctica nuevas acciones, salir de la zona de comodidad e implementar los cambios.

IV.13) Vía Espiritual para construir matrimonios sobre La Roca a prueba de infidelidades

La fidelidad es una decisión espiritual. No resulta tan difícil de mantener cuando la pareja edifica su casa sobre Dios, "La Roca Fuerte". Para ello, la pareja deberá hacer de su matrimonio su más importante misión y relación, después de su devoción a Dios.

¿Cuál es el ingrediente que mantiene un matrimonio intacto hasta que la muerte los separe? Es, precisamente, la presencia de Jesucristo en el centro de la relación, como mediador entre marido y mujer....Un matrimonio CRISTO CENTRICO tiene muchas más posibilidades de sobrevivir a las crisis, inclusive a las tentaciones de ser infiel, tener estabilidad, armonía y gozo, y durar hasta que la muerte los separe, que uno que no lo es.

Ahora bien, ser una pareja Cristo Céntrica supone obedecer lo que la Palabra de Dios nos dice sobre el matrimonio. Cuando Cristo reina y ocupa el centro en una familia, ninguno sobresale por sí y en sí mismo. No hay gritos ni lucha por el poder. Todos atienden a la dirección del Único que tiene la autoridad, y todos se rinden a Él, en la posición y el ámbito de responsabilidades que Él ha asignado a cada uno. Cuando Cristo ocupa el centro, el matrimonio y la familia funcionan bien, sin discordias ni estallidos de violencia, gozosamente, según el perfecto ORDEN de Dios.

¿Cuál es este orden? Dice la Escritura: "Porque quiero que sepáis que Cristo es la cabeza de todo varón, y el varón es la cabeza de la mujer, y Dios la cabeza de Cristo" (1ª Cor.11:3). Aquí está el orden de Dios, no sólo en el matrimonio, sino también en el universo: Dios creó primero al hombre, y luego a la mujer para el hombre. Cristo es la gloria de Dios, el hombre es la gloria de Cristo, y la mujer es la gloria del hombre. El hombre fue creado para que expresara la gloria de Cristo y la mujer fue creada como expresión de la gloria del hombre.

A veces los maridos renuncian a tomar su lugar, por comodidad o por una supuesta incompetencia, como si esto fuese un asunto de caracteres o de capacidades naturales. No hay excusa que justifique que la esposa sea la líder. No solamente es el hombre el principal proveedor y protector de su familia sino también el sacerdote de su hogar.

Siendo el varón la cabeza de la mujer, resulta para el esposo una demanda muy fuerte que ame a su esposa, porque ello implica, además, una restricción a su rudeza natural. Por eso dice la Escritura: "No seáis ásperos con ellas" (Col.3:19), y "Dando honor a la mujer como a vaso más frágil" (1ª Ped.3:7). El ser cabeza pone al hombre en una posición de autoridad, pero el mandamiento de amar a su mujer le restringe hasta la delicadeza. Y, obviamente, el mandamiento de amar a su esposa incluye el serle fiel.

Hay al menos dos razones por las cuales el esposo debe ser ejemplo amoroso de quebrantamiento y humildad. Primero, por su carácter naturalmente áspero, y, segundo, por la autoridad que detenta. Junto con ponerle en autoridad, el mandamiento le limita en el uso de esa autoridad. De modo que si su autoridad es cuestionada, no debe procurar recuperarla por sí mismo, sino remitirse a Aquél a quien pertenece. Si Dios ha permitido que su autoridad sea resistida, entonces debe de haber alguna causa (que bien pudiera ser alguna secreta rebelión contra Cristo), y que es preciso aclarar a la luz de La Palabra.

Por su parte, siendo la mujer de un carácter más vivaz, el estar sujeta es una restricción a su natural forma de ser, por lo cual dice la Escritura: "La mujer respete a su marido" (Ef. 5:33b). Esto es así para que no haya desavenencia en el matrimonio. Ambos son restringidos y a la vez son honrados por el otro. Cada uno según su natural forma de ser. Porque Dios sabe mejor que nosotros mismos cómo somos, y por eso diseñó el matrimonio. El marido representa la autoridad, pero, siendo de un carácter áspero, debe amar con dulzura. La mujer es amada y engreída, pero, siendo de naturaleza más inquieta, debe respetar a su marido. Así todos perdemos algo, pero gana el matrimonio y la familia, y por sobre, todo, gana el Señor.

Si el esposo ama, facilita la sujeción de la esposa. Si la esposa se sujeta, facilita el que su esposo la ame. Con todo, si ambas conductas (amor y respeto), siendo tan deseables, no se producen, ello no exime ni al esposo ni a la esposa de obedecer su propio mandamiento. Para que las mujeres modernas entiendan mejor el concepto bíblico de sujeción, hablaremos de respeto.

¡Qué dignidad más alta para una mujer la de respetar a su marido, no por lo que él es, sino por lo que él representa! ¡Cuánto agrada a Dios una mujer así! Todos los reclamos, todas las quejas desaparecen. Si la mujer se viera a sí misma como la iglesia delante de Cristo, si se inclinara, si fuera respetuosa y dócil, cuánta paz tendría en su corazón. Cuánta bondad de Dios podría comprobar en su vida.

¡No hay cosa más noble para un marido cristiano que amar a su mujer como Cristo amó a la iglesia! No hay cosa más noble, conforme van pasando los años, encontrarla más bella, sentir que su corazón está más unido a ella, y que ha aprendido a amarla aun en sus debilidades y defectos. Si el marido se preocupara más de amar no tendría ojos para ver tantos defectos e imperfecciones. Porque ya no anda como un hombre, sino que camina en la tierra como un siervo de Dios.

Recordemos además que la primera demanda para el esposo – y que no deja de ser importante – es "dejar padre y madre" para luego unirse a su mujer. Es decir, procurar la autonomía e independencia respecto de los padres. Si esto se obedece desde el principio, el matrimonio se evitará muchos contratiempos.

Puede que amar a nuestro cónyuge resulte por momentos doloroso. Entendamos que entonces Dios nos está podando ¿Para qué es necesaria la poda?: Es necesaria porque cuando una persona recibe a Jesús en su corazón y nace de nuevo, no quiere decir que sea instantáneamente perfecto. Esto será un proceso del Espíritu, quien por la Palabra de Dios comienza a limpiar aquellas actitudes y comportamientos que no son de Cristo.

Tenemos una hermosa lección por delante. Las verdades relativas a cómo Dios puede transformar un matrimonio por su Espíritu, deben llenarnos de esperanza y al mismo tiempo, llevarnos a una mayor consagración.

Si mi corazón se une a Cristo, quien vive dentro de mí por su Espíritu, el fruto de esta relación será un carácter como el de Jesús, la santa naturaleza de Dios en mi vida. ¿Para qué debemos producir fruto? Por muchas razones pero sobre todo para que el nombre de Dios sea glorificado y santificado a través de nuestras vidas (Juan 15:8; Mateo 6:9).

Las limitaciones humanas hacen ver claramente que el que mucho ama, sufrirá mucho. "No es el discípulo más que el Maestro". Cuando se sienta una dolorosa decepción respecto a otro, es bueno enfocar el reflector de la crítica sobre el propio yo y ver la actitud de nuestro corazón hacia el Señor. Algunas veces Dios permite que el amor o falta de amor de una parte por la otra haga brotar, si somos sinceros, una interrogación: " ¿Es así, tal vez, como trato yo a Dios?"

Para los que han descubierto que la única cosa que importa en esta vida – la única que puede darnos la verdadera felicidad- es amar y ser amado, la vida matrimonial puede ser una fuente de continuo e indecible sufrimiento, aun cuando por fuera parezca de éxito. Lo que las mujeres pueden tener que sufrir de este modo es imposible de describir humanamente. Hay maridos que consideran a sus mujeres como meras sirvientas o secretarias; como una adquisición social; un simple medio de placer y propia satisfacción; en fin, como cualquier cosa excepto lo que realmente son: parte de su propia carne. Por eso les pueden ser infieles. Por eso el apóstol Pablo le pide a los esposos que amen a sus mujeres como a sus propios cuerpos. "Porque el que ama a su mujer se ama a sí mismo" (Efesios 5:28).

Aunque el matrimonio implique una donación completa que simboliza el amor de Cristo y su Iglesia, los obstáculos de la naturaleza humana, para el cumplimiento de este ideal, pueden ser enormes. Pronto se hará evidente que ninguna de las dos partes es un ángel: los dos son humanos. Y el amor y los sacrificios exigidos a ambas partes son tan grandes y costosos que surgen preguntas tales como: ¿Vale la pena esto por un ser humano? ¿Puede dar alguien tanto sin esperar nada a cambio?

La respuesta es que no es un simple ser humano el que da, ni un simple ser humano el que recibe. Dime cuánto amas a Cristo, dime cuán maduro eres en tu relación con Dios, dime cuánto tiempo y con cuánta pasión te dedicas a elevarte espiritualmente en forma individual y con tu pareja y te diré cuánto podrá durar tu matrimonio Cada uno ama y se sacrifica en participación con Cristo; cada uno es amado y servido en unión con el Hijo de Dios. Más allá de su marido, y en el corazón de su marido, la mujer ve, ama y sirve a Cristo. La fuerza para continuar, para darlo todo por amor y considerarlo como nada, viene de Cristo. Jesús es el amado.

Por eso es que sí se puede continuar amando a alguien después de una infidelidad (aunque tal vez ya no sigamos a su lado) porque perdonamos, olvidamos y amamos desde el amor de Jesucristo en nosotros, que es un amor sobrenatural, que es el único que nunca falla. Y el único que nunca muere.

INDICE

RADIOGRAFIA DEL HOMBRE INFIEL

·